AF460456

SOMMAIRE DES

EDICTS ET ORDONNANCES

Royaux concernans l'Institution & Iurisdiction de la Cour Souueraine des Monnoyes, & de ses Officiers: Comme aussi des Officiers particuliers d'icelle, A sçauoir, les Generaux Prouinciaux, Preuosts, Procureurs du Roy, Greffiers, Maistres, Gardes, Contregardes, Tailleurs, Essayeurs & Changeurs, & de leurs Priuileges.

Ensemble, les Ordonnances seruans de Statuts aux Mestiers d'Orfeures, Iouailliers, Affineurs, Tireurs, Escacheurs, Batteurs d'or & d'argent, & autres respondans & iusticiables en ladite Cour des Monnoyes.

Par François Garrault Sieur des Gorges, cy deuant Conseiller du Roy, & General en sa Cour des Monnoyes.

A PARIS,
Par P. CHARPENTIER, contre l'Horloge du Palais, au Paradis.
M. DC. XXXII.

ADVERTISSEMENT AV LECTEVR.

LA Monnoye a esté inuentée par les hommes pour interuenir aux ventes & achapts des choses necessaires à l'humaine societé, au lieu de l'ancienne penible permutation. Sa substance fut arbitrée a or & argent fins & purs, comme les metaux reputez (selon la commune opinion) les plus riches & precieux, pour serrer & peu d'espace, & facilement transporter vn grand prix & valeur: & pour ceste cause ils sont limitez par certains degrez de bonté, à sçauoir l'or en vingtquatre carats & l'argent en douze deniers, & le denier en vingtquatre grains de fin: qui sont aualuez l'vn par l'autre en certaine proportion, laquelle se peut obseruer en œuure & hors œuure, pourueu que la Monnoye soit faite aux despens du public, comme estant vn labeur commun pour le bien de tout le peuple: ainsi qu'autrefois il a esté pratiqué en Normandie, où encores à present on leue la taille pour le Monneage, combien que les deniers soient employez à autre effet: ou bien, si on obserue les anciens Reglemens pour la traitte de la Monnoye, desquels la qualité d'argent le Roy a prins son origine. Mais depuis qu'on s'est voulu dispenser de l'obseruation de l'Ordonnance & rendu toutes choses arbitraires, il s'en est ensuiuy vne empirance, iusques à faire de la Monnoye de Billon: d'où sont procedées ces distinctions, d'argent fin, argent de Roy, de haute & basse Loy, & difference du blanc

& du noir: toutes lesquelles especes de Billon (non plus que celles d'autres matieres que d'or & d'argent, desquelles on a vsé en diuers lieux) ne doiuent estre reputées Monnoyes, pour ce qu'elles sont prpores & particulieres à certaines Prouinces, & ne peuuent entrer au commerce public. La premiere Monnoye fut difinie grossierement selon le poids, depuis on aduisa de luy donner quelque forme & la reduire en pieces, reiglées sur le pied de la drachme publique (reuenant à deux deniers seize grains de nostre poids de marc) pour estre courante entre Marchands, ainsi qu'aucuns ont remarqué sur le Genese : ceste premiere façon est appellée taille & ouurage. Et pour ce que les principales richesses de ce temps consistoient en bestial, & toutes choses estoient appreciées par iceluy, on trouua bon d'empraindre en vn des costez de la Monnoye, la marque de la chose pour laquelle elle faisoit function, comme d'vn bœuf ou d'vne brebis, dont elle fut dite signata pecunia : & de là en auant les Hecatombes monnettaires, furent bien autant aggreable aux Sacrificateurs, que les naturelles estoient aux Dieux. De l'autre costé de l'espece on mettoit quelque seing public ou enseigne de la Religion du lieu, auquel elle estoit fabriquée, pour tesmoignage & caution de la bonté interieure, laquelle ne se peut facilement iuger comme le poids : & telles marques & emprainte sont dites Monneage. Les Princes souuerains plus desireux de perpetuer leur memoire par images & colosses, que par leur propre vertu, se vandiquerent le droit de faire battre Monnoye & principalement d'or & d'argent: pour y faire apposer leurs effigies & deuises iusques à y attribuer salut & refuge pour les affligez. Et de la substance, poids & emprainte: les especes ont esté indifferemment denommées, & toutesfois de la seule emprainte est venu ce mot de Monnoye, à cause que par icelle on est admonnesté & fait certain de la bonté & valeur d'icelle, ensemble du lieu ou elle a esté fabriquée pour y auoir recours s'il se trouuoit quelque defectuosité en la substance, & n'estoit faite suyuant la Loy publique, de laquelle elle est ditte Numisma selon aucuns: & selon d'autres de Numa second Roy Romain, lequel le premier regla l'Estat de la Monnoye à Rome. Pour pareilles raisons on met en la Monnoye qu'on bat en France à present, certaines lettres differents, & points secrets: significatiues des lieux ou elle est faite, par quel Maistre de Monnoye, en quel année, iusques à celuy qui a fait les pilles & trousseaux sur lesquels elle est Monnoyée. Toutesfois les Romains pressez d'affaires & estant la chose publique en arriere, pour subuenir aux frais de la guerre qu'il leur conuenoit faire contre les Carthaginois, ne firent difficulté de violer & corrompre la Loy de la Monnoye par toutes les sortes d'affoiblissement: à sçauoir, augmentant le prix des vieilles especes, & diminuant le poids & bonté des nouuelles: par alliages de diuers metaux de peu de valeur, qui n'ont aucune qualité finie, & ne seruent qu'à donner corps sans aucune estimation: mais au contraire font moins estimé la matiere precieuse, auec laquelle ils sont incorporez, ainsi qu'on voit par la difference des prix d'argent de haute Loy & celuy de basse Loy: ores qu'ils soient terminez par mesmes degrez de fin. Ce changement de Mõnoye apporta vne grande alteration à l'Estat, & mescontentement au peuple Romain, prest à se reuolter, sans vn Magistrat Monnettaire lequel, reforma l'Estat de la Monnoye: & à ce qu'on y fust deceu à l'aduenir enseigna le moyen d'en faire essay, dont le peuple receut telle allegresse & contentement, qu'il erigea des statuës d'or par la ville de Rome en son honneur: car il n'y a chose qui trouble plus les affaires generales & particulieres que la mutation de la Monnoye, par laquelle les biens & facultez d'vn chacun sont limitez: si elle est bonne & forte, elle rend les richesses certaines & asseurees & paye toutes choses par sa iuste valeur: ou si elle est foible & alteree elle les surachepte, à cause des grands frais dont elle est chargée pour la fabrication. Et encore, que tels affoiblissemens soient fondez sur quelque secours prompt & apparent, si est-ce qu'estant bien consideré & balancé, il se trouuera bien petit en effect, & de trespernicieuse consequence: pour le mal qui s'en ensuit, impossible a reparer que par le retour d'vn siecle doré. Lequel mal vn chacun peut ressentir en ses biens, & iuger par la conference des Monnoyes anciennes, faites lors que forte Monnoye auoit cours, auec celles du temps present: & ce desordre ira de mal en pis si les Officiers des Monnoyes ne s'efforcent de ramener & reduire l'Estat de la Monnoye le plus qu'on pourra vers ses principes, & ne tiennent la main ferme à l'auarice & desir effrené de ceux qui ne se soucient de faire leurs affaires aux despens du public, & reiettent le mal qu'ils font sur le peuple, qui ne va qu'autant que on le pousse & on luy lasche la bride: estant l'animal le plus aisé à tourner qu'il soit, pourueu qu'il soit mené & conduit, en maniere de dire, par la pouppe. Les Roys Iean & Charles V. son fils, ayans cogneu les incommoditez & dommages que l'affoiblissement des Monnoyes auoit apporté à leurs affaires: par Edict solemnel promirent, tant pour eux que leurs successeurs Roys de France, de là en auant ne faire que bonne & forte Monnoye, sans iamais affoiblir. Et feirent promettre & iurer aux Princes, Seigneurs, Barons, Chancelier, gens de Conseil & Officiers: tant pour eux que leurs successeurs esdites dignitez, charges & Offices, de ne iamais conseiller d'affoiblir la Monnoye sur peine de priuation de leurs charges & Offices, lesquelles en ce cas deslors comme dés à present furent declarées vacquantes & impetrables: de maniere que du depuis les aduisez qui estoient appellez au Conseil des Monnoyes, faisoient enregistrer leurs aduis.

Par les Ordonnances faites par le Roy en son grand Conseil, il est deffendu à toutes personnes pecunieux ou fondez de meubles d'assister en Conseil de Monnoye, de crainte que pour leur profit particulier ils ne donnent quelque aduis dõmageable au public. Il ne se trouue par escrit l'ordre & police que les anciens tenoient en la fabrication de leurs Monnoyes, sinon des Romains: & que Numa institua le College des batteurs d'airain, qui estoit la substãce de la Monnoye de ce temps, difinie grossierement selon le poids de leur liure dite AS, qui estoit de douze onces, & l'once de huict drachmes du poids public, il y auoit des peseurs pour la peser & estãt pesée estoit portée dans des chariots à la Chambre de l'airain, qui estoit le thresor public pres le temple de Saturne, & mise és mains de celuy qui estoit commis à la receuoir. Depuis Tullus Seruius y adiousta la marque: & apres l'expulsion des Roys la Monnoye d'argent, puis celle d'or vindrent en vsage: & lors on commença à regler l'Estat de la Monnoye. Et fut estably vn Magistrat appellé Triumuirat Monetaire, pour ce que du commencement il fut composé de trois personnes & depuis de plus grand nombre, qui auoient la charge & intendance sur la fabrication des Mõnoyes: ainsi qu'on peut apprendre par l'inscription & empraintes d'aucunes medales antiques, marquées d'vn costé de l'effigie de ses Officiers auec l'inscription de leurs noms, & du reuers de quelques vstancilles seruans à la fabrication des Monnoyes, auec ceste legende III. V. Mõnet ÆR. ARG. Aur. Flan. Feri. Par lequel mot de Flare est signifié l'ouurage & d'iceluy ce vocable de Flaon peut estre deriué qui est l'espece ouurée non marquée : & par Ferire le Monnoyage qui se fait au marteau: ie ne sçay aussi si i'oserois dire ce mot de Flare (encores qu'il signifie souffler) pourroit signifier en ce lieu couler, ietter en fonte, & mouler la grosse Monnoye d'airain, qui ne se peut facilement frapper & Monnoyer au marteau à cause de son relief. Anciennement pour regler la Monnoye de France il y auoit certains Officiers appellez Maistres Generaux des Monnoyes, qui auoient esgard sur la fabrication des Monnoyes, & à la difference des particuliers qui faisoient l'ouurage: ils n'estoient que deux Generaux du commencement, lequel nombre par succeßion de temps augmenta iusques à six, & lors furent reduites en corps de Chambre des Monnoyes, dependantes de celle des Comptes: & depuis quelques années ceste Chambre a esté separée & erigée en Cour souueraine, qui est seule en ce Royaume, pour cognoistre de la fabrication des Monnoyes, & de ceux qui trauaillent & s'entremettent d'or, d'argent, & choses dependantes de la fabrication des Monnoyes. Tout ainsi que les Monnoyes de France ont souuent varié, außi les Edicts & Ordonnances des Monnoyes ont fort changé iusques à se contrarier: ce qui a apporté beaucoup de doubte entre les Officiers, & engendré plusieurs procez & differents entre les iusticiables, & ressortissans en la Cour des Monnoyes, lesquels n'estoient certains quelle Ordonnance ils deuoient ensuiure: pour leuer lesquels doubtes & retrancher ces procez & differents, il y a quelques années que ie me mis a colliger vn sommaire des poincts principaux des Edicts & Ordonnances concernans la Iurisdiction de la Cour des Monnoyes: entant qu'ils sont en vsage & que ie les ay veu prattiquer en ceste Cour, obmettant ce qui est abrogé. Et d'autant qu'il y a plusieurs articles, lesquels comme estant de l'essence desdites Monnoyes, qui ont esté reprins en toutes les Ordonnances, pour euiter repetition ie me suis contenté de les cotter des Ordonnances modernes esquelles ils ont esté reprins. En quoy faisant en aucuns lieux, ie rapporte le texte entier de l'Ordonnance, & en autres le sens : & pour ce qu'en plusieurs endroicts les especes sont specifiées, comme außi les prix des matieres, gages, salaires & taxations des maistres & Officiers desdites Monnoyes, ouuriers & monnoyers, qui sont subiets à chãgemens & mutations, i'ay mis en termes generaux ce qui estoit particulier pour cest effect, pour seruir à toutes occasions. Et ay le tout disposé par tiltres, propres & conuenables à chacune matiere, & cotté chacun article en marge de l'Ordonnance de laquelle il a esté extraict: comme aussi il y a plusieurs desdites Ordonnances faites en mesme mois & an, mesmes quatre faites à Fontaine-belleau au mois de Mars 1554. sur lesquelles on pourroit equiuocquer & chercher en vne ce qui seroit en l'autre. I'ay notté les extraicts de certaines marques differentes pour cognoissance. Et aussi les Ordonnances enregistrées & non imprimées de ceste lettre R. pour signifier registre. Lequel sommaire i'auois fait succinctement pour la commodité qu'on pouuoit auoir lors de recourir aux grandes Ordonnances & Registres de ladite Cour des Monnoyes: au defaut desquels & pour le soulagement de ceux qui en peuuent auoir affaire. A la priere d'aucuns de mes amis ie me suis mis à le reuoir, & recourir cest extraict, pour y adiouster plusieurs choses & faire cest aduertissement que i'ay estimé necessaire pour d'autant plus faciliter l'intelligence d'iceluy: en sorte qu'en peu de papier on pourra apprendre la plus grande partie desdites Ordonnances & Reglemens des Monnoyes, & veoir ce qui est contenu en plusieurs volumes & Registres. Priant vn chacun le receuoir de pareille affection que de bonne volonté ie l'ay colligé, pour le bien & soulagement de ceux qui en auront affaire.

DE LA COVR DES MONNOYES, ET DE SA Iurisdiction. Tiltre I.

Henry II. 1551. art. I.

HENRY, &c. Auons creé, erigé & estably, creons, erigeons & establissons par ces presentes nostre Chambre des Monnoyes seant à Paris en Cour & iurisdiction souueraine & superieure : pour estre congnu iugé & decidé par arrest en dernier ressort & sans appel, de toutes matieres ciuiles & criminelles, dont la cognoissance appartiẽt & est attribuee à ladicte Chambre, par ordonnance tant de nous que de nos predecesseurs Roys, soit en premiere instance, ou par appel des Gardes, Preuosts des Monnoyes & conseruateurs des mines.

Idem art. 2.

Contre lesquels iugemens & Arrests nul ne sera receu sinon par voye de proposition d'erreur, és matieres desquelles par nos ordonnances on peut proposer erreur : & tout ainsi qu'en nos autres Cours souueraines : à la charge toutesfois que pour donner lesdits arrests, il y aura tousiours le nombre de neuf pour le moins desdits Generaux de nos Monnoyes, auec le President, ou le plus ancien desdits Generaux pour l'absence dudit President, de façon que esdicts iugemens ils soiẽt tousiours en nombre dix.

Idem art. 7.

Lesquels arrests & iugemens de nostredicte cour des Monnoyes, voulons estre executez incontinent & ſans delay par tous les lieux de ce Roiaume, pays, terres & ſeigneuries, ſans demander aucunes lettres de Viſa, placet, ne pareatis, ne faire aucunes inſinuatiõs en nos Cours de Parlement, ou autres Iuges, nonobſtant qu'ils vouluſſent pretẽdre leſdicts Generaux de nos monnoyes n'auoir territoire pour executer leurſdicts iugemens & arreſts & quelconques priuileges, ſtatuts, ſtiles pretenduz au contraire, auſquels nous auons déſrogé.

Et afin qu'õ ſçache de quelles cauſes & matieres icelle Cour deura cognoiſtre, cognoiſtra ſans appel & dernier reſſort, cõme dit eſt, des deniers des boëttes de toutes noſdites Monnoyes, enſemble des fautes & maluerſations cõmiſes, & qui ſe commettrõt par les Maiſtres Gardes, Preuoſts, Eſſaieurs, Tailleurs, Contregardes, Ouuriers Monnoyers, Changeurs, Affineurs, Departeurs, Batteurs, Tireurs d'or & d'argẽt, Mineurs, Cueilleurs d'or de paillole, Orfeures, Ioiauliers, Graueurs, Balanciers, & autres faiſans faict de noſdictes Monnoyes, circonſtances & dependances, & ce qui concerne leurs charges, eſtats & meſtiers, viſitations & rapports que les maiſtres d'iceux meſtiers ſeront tenus faire d'oreſnauant : c'eſt à ſçauoir en noſtre dicte ville de Paris, pardeuant les Generaux de noſtredicte Cour des Monnoyes. Et aux autres villes de noſtredit Royaume, pays, terres & ſeigneuries, pardeuant les Gardes & Preuoſts d'icelles Monnoyes chacun en ſon deſtroit & reſſort. Idem artic. 5.

Auſſi cognoiſtra noſtredicte Cour des Monnoyes par preuention & concurrence, auec nos Idem artic. 6.

Baillifs, Seneschaux & autres Iuges, du faict des faux-monnoyeurs, rongneurs, & autres de quelque estat & condition qu'ils soient infracteurs de nos ordonnances touchant le faict de nosdictes Monnoyes, & generalement de tous autres cas ciuils & criminels, dont la cognoissance est attribuee & appartient ausdicts Generaux des Monnoyes, par ordonnance tant de nous que nos predecesseurs Rois, circonstances & dependances, le tout par arrest en dernier ressort, comme dessus iusques a condẽnation & execution corporelle, mesmement de mort & absclsion de membres inclusiuement, soit en premiere instance, ou par appel des commis & deputez par ladicte Cour, Preuosts desdites Monnoyes, & conseruateurs des priuileges des mines: en tous cas desquels ils peuuent cognoistre en premiere instance.

Idem art. 8. Enioignons bien expressément à nos Preuosts de Paris, Baillifs, Seneschaux & autres Iuges chacun endroit soy: que ausdicts Generaux des Monnoyes, leurs commis & deputez, baillent conseil confort, ayde, secours, prisons, outils & lieux pour bailler tortures, sergens, & executeurs de haute Iustice: toutes fois qu'ils en seront requis pour la confection desdicts procez criminels & execution de leursdits arrests & iugemens, sans en ce leur dõner ne souffrir leur estre donné directemẽt ou indirectement aucun trouble, destourbier ou empeschement, sur peine d'amendes arbitraires, & d'estre punis comme rebelles, &c.

Idem art. 9. Declarons en outre que les parties, tant de pays coustumier que de droit escrit qui auront mal appellé en nostredite Cour des Mónoyes, seront cõdamnez enuers nous pour le fol appel en trente liures parisis d'amande, qui sera receuë par le Receueur des exploicts & amendes de ladite Cour.

Leu, publié & registré, oüy le Procureur general du Roy, du tres-exprés commandement dudit Seigneur, à la charge qu'il sera differé à l'appel des Iugemens portans amendes honorables, banissements & peines afflictiues de corps. Parlement, verification.

Des Generaux des Monnoyes.

Tiltre II.

LEs Conseillers, Presidens & Generaux de la Cour des Monnoyes entreront à sept heures du matin, & deux heures de releuee les iours accoustumez d'entrer : Et seront au Bureau auant huict heures du matin iusques à dix heures : & de releuee, auant trois iusques à cinq, pour vacquer au fait de leurs charges. Henry 2. R. 1554.

Lesdits Presidents & Generaux n'entrent que le Mardy & Vendredy de releuée, qui sont les iours ordinaires, & aux autres iours le matin seulement.

Auront le temps des vaccations accoustumé és autres Cours souueraines pour vacquer à leurs affaires, à la charge que quatre d'entr'eux resideront à Paris durant lesdites vacations. Idem.

Toutes Matrices & Poinçons seront deliurees en plein Bureau par le Tailleur general, seant en iceluy sept desdits Generaux pour le moins: pour estre deliurez par lesdits Generaux à qui il appartiendra. Idem.

Ne pourront de leur authorité priuee faire aucune nouuelle fabrication, nouueau pied, changer Idem.

le cours des Monnoyes, ou donner permission pour faire menuës ouurages, & si aucun besoin en estoit, nous en aduertiront & les gens de nostre Consell pour y pouruoir.

Et à ce que aucunes Prouinces de nostre Royaume ne demeurent desgarnies desdites menuës Monnoyes, & n'en ayent necessité, voulons & ordonnons que quand aucun Syndic ou Procureur desdites Prouinces, demãdera permission de faire ouurer desdits ouurages, soient doubles ou liards, se puissent retirer lesdicts Syndics & Procureurs aux Receueurs generaux desdites Prouinces, ou

Henry 2. 1554. art 55.

autres des plus prochaines d'icelles. Auquel nous ordonnons de bailler aux habitans de ladite Prouince faisant ladite poursuitte des liards & doubles pour telle somme qu'ils voudront, en fournissant par iceux habitans ausdicts Receueurs des especes d'or, d'argent ou grosse Monnoye ayant cours par nostre Ordonnance: & là où il adriendroit que lesdits Receueurs generaux ne peussent autrement fournir desdits liards & doubles, en ce cas & non autrement, apres deuë information faicte de la necessité que aura nostre peuple desdictes menües Monnoyes, y sera par nous pourueu.

Henry 2. 1554.

N'ordonneront d'aucuns deniers sur les Receueurs des boëttes, si ce n'est pour les frais de Iustice iusques à huict cens liures, & quatre cens liures pour les menuës necessitez.

François 1. 1540. art. 47.

S'enquerront & verront ordinairement quels deniers courront par les Changes, & de main en main à nos coings & armes, en quelles Mõnoyes ouurans de nostre Royaume ils auront esté forgez, & par quels Maistres particuliers d'icelles, en facent faire les essais: & s'ils y trouuent fautes, procedent à la iustice & punition de ce, telle que au cas appartiendra suiuant nos Ordonnances.

Lesdits Generaux residans en la ville de Paris, ou l'vn d'eux deputé par la cõpagnie, visiteront de quinze iours en quinze iours le Maistre de la Mõnoye d'icelle, les Gardes, contre-Garde, Essayeurs, Tailleurs, Affineurs, Changeurs, Orfeures, & Ioiauliers, leurs registres & maisons, pour sçauoir & entendre l'apport & reception du billon en nostredite Monnoye, s'il a esté cizaillé & mis en fonte ainsi qu'il appartient: les payements de ce faicts, & cõment ils & chacun d'eux en son regard obserue & garde nos Ordõnances, au biẽ de Nous & de la chose publique de nostre Royaume: & s'ils y trouuent fautes, maluersations, abus, ou negligences, par contemnement d'icelles Ordonnances ou autrement, contreuenans, procedent à la correction & punition de ce, & à la rompure & demolitiõ des fourneaux prohibez, si aucuns en y a, & autrement ainsi qu'ils verront estre à faire suiuant la teneur de nosdites Ordonnances. Idem. 48.

Feront renouueller la publication de ces presentes, ou le sommaire d'icelles de trois mois en trois mois, à ce que nul n'en puisse pretẽdre cause d'ignorance, & tout le semblable feront les Baillifs & Seneschaux ou leurs Lieutenans auec eux, nos Procureurs esdits Bailliages & Seneschaulsees, & feront rediger par escrit par lesdits Generaux, Baillifs, Seneschaux ou leurs Lieutenans respectiuement: procez verbaux desdites informations, visitations & procedures auec registres des Idem, art. 49

iugemens ſur ce interuenus & executions ſur ce faictes, pour le tout preſenter en noſtre Conſeil Priué, quand il nous plaira faire veoir leur diligence en cet endroit.

Henry 3. Tous Iuges en general, & notamment ceux des
1577. art. 30. villes, feront de mois en mois reiterer la publication de l'ordonnance des Monnoyes, & veilleront à l'obſeruation d'icelle, dont feront procez verbaux.

Idem art. 31. Et pour cognoiſtre de leur deuoir, ſeront leſdits Iuges tenus en fin d'année, receuant par eux le dernier quartier de leurs gaiges, de bailler au Payeur d'iceux auec leurs quittances, l'extraict des procez verbaux, contenant ſommairement leur deuoir & diligence pour l'execution & obſeruation de l'ordonnance, pour eſtre apportez par le comptable à la redition de ſon compte, ſans lequel extraict defendons auſdits comptables de leur payer ledit dernier quartier de leurs gages, & aux gens de nos Comptes de les paſſer & allouer en leurs comptes.

Des Commißions & Cheuauchées.

Tiltre III.

Henry 2. R. TOutes commiſſions pour faire cheuauchées
1564. ou inſtruire procez, ſerōt deliberées en plain Bureau : mais aucun ne pourra eſtre deputé pour aller au lieu de ſa natiuité, ne retourner l'année ſuiuante au lieu ou il aura eſté l'année precedente en commiſſion.

Charles 9.
R. 1570. Ladite Cour fera eſlection de ſix d'entre les plus

plus sçauans & experimentez des Presidens & Generaux qui seront commis pour resider vn an durant és principales Villes & Prouinces du Royaume, esquelles ils feront leurs cheuauchees selon le departement qui leur en sera fait par ladite Cour.

Suiuant nos anciennes ordonnances, deputeront & enuoirõt ordinairement deux d'entr'eux, visiter separement de ville en ville de nostre Royaume, pays, terres & seigneuries de nostre obeissance le faict de nos Monnoyes & Officiers particuliers d'icelles, changeurs, orfeures, ioiailliers, & autres qui font ouurages d'or & d'argent: leurs registres & papiers ordinaires: informent tant sur ce qu'autrement deuëment comme sesdites presentes & autres nos ordonnances sur le fait des Monnoyes, seront obseruées & gardees: quels deniers courent de main en main à nos coings & armes entre nos subiects, iceux facent peser, essayer, rapporter, & ioindre aux iugemens ja faits, ou à faire des boëttes de la Monnoye dont se trouueront lesdits deniers, pour sçauoir si lesdites boëttes auront esté ou seront loyaument & fidelement faites. Et s'ils y trouuent aucunes fautes, maluersations ou abus, procedent à l'encontre des delinquans ainsi qu'il appartiendra. François 1. 1540. art. 50.

Lesdits Commissaires ne pourront loger, hanter ny frequenter auec les Maistres & Officiers des Monnoyes, sinon en tant qu'il est requis pour le deu de leurs offices. Henry 2. R. 1554.

Donneront ordre à faire leurs cheuauchées en tel temps, qu'ils puissent estre de retour à la fin du mois de Mars, garnis de deniers courãs pour ioin- Idem.

dre au iugement des boëttes. Feront perquisition de toutes monnoyes estrangeres courans par les bourses, & en feront faire essay, & mesmement visiteront les deniers des receptes generales & de nostre Espargne, pour s'il se trouue aucun chãgement esdits deniers en poids ou en loy, les faire descrier & nous en aduertir ou les gens de nostre Conseil Priué.

Idem. Se trouueront és foires les plus celebres des lieux par lesquels ils passeront, & y feront publier nos ordonnances sur le cours des Monnoyes, sans faire mention de la bonté interieure d'icelles. Informerons des payemens, pouruoiront qu'ils ne soient haussez : & pour cest effect, visiteront les estats, mestiers, & toutes personnes qui s'entremettent d'argent monnoyé ou à monnoyer, & procederont contre les delinquans & contreuenans à nos ordonnances des Monnoyes.

François I. 1540. art. 51. S'enquerront si és especes qui ne sont à nos coings & armes ausquelles donnons cours par nos ordonnances aura esté par fabrication nouuelle ou autrement aucune chose alterée ou diminuée du poids ou loy: tellement qu'il y ait cause de les defendre du tout, ou bien diminuer du prix d'icelles: aussi informent si seront entrées en nostredit Royaume, païs & seigneuries de nostre obeissance, autre espece d'or & monnoye, que celles contenues en nostredite ordonnance, en facent faire essais & adualuations certains & veritables, & de ce qu'ils trouuerront en aduertiront incontinent lesdits Generaux à Paris : & par mesme moyen leur enuoyent deux ou trois pieces de chacune desdites especes nouuelles & autres ainsi alterées ou diminuées de poids ou de loy, afin d'en estre encore fait essay en la Chambre de nos Monnoyes à Paris, & par lesdits Generaux nous renuoyer le tout & à nostre Conseil, ensemble leur aduis de ce qu'il leur semblera estre à faire sur ce.

Et si tost que telles choses seront venues à la notice desdits deputez ou aucuns d'eux visitant par pays lesdites Monnoyes, voulons qu'ils nous en aduertissent, ensemble du temps qu'ils auront enuoyé ou pourront enuoyer à la compagnie desdits Generaux à Paris leursdites informations: & que ce pendant facent faire esdits pays expresses inhibitions & defenses de par nous, à tous nos subiets de donner mise ny cours à telles monnoyes ainsi alterées de leur bonté, & autres qu'ils trouueront non permises par nos ordõnances, iusques à ce que par nous autremét en soit ordõné. Idem. art. 52.

Lesdits deputez faisans lesdites visitations, feront renouueller & publier de ville en ville l'Ordonnance des Monnoyes ou sommaire d'icelle de trois mois en trois mois: & des infracteurs facent la iustice telle qu'au cas appartiendra, sans que pour lesdites inquisitions ou autres choses dependans de leurs charges, en soient tenus demander Pareatis à nos Cours de Parlement ny autres Iuges quelconques. Et si de leur Iugement interuiennent appellations, nous voulons qu'elles soient releuées pardeuant nosdits Generaux des Monnoyes en leur Chambre & Auditoire à Paris, encores que ce fussent & soient iugements donnez hors le ressort de nostre Cour de Parlement à Paris. Idem. 52.

Charles 9. R. 1570. Lesdits Commissaires iugeront de tous crimes capitaux sãs appel ainsi qu'il est permis aux Lieutenans des Baillifs, Seneschaux & Preuosts des Mareschaux : pourueu qu'esdits iugemens ayent assisté huict ou sept Conseillers de Cour souueraine ou des Sieges Presidiaux.

Idem. Pour crimes esquels n'escherra qu'amende pecuniaire, en pourront iuger diffinitiuement sans appeller lesdits Conseillers: A la charge de l'appel, nonobstant lequel, ils feront executer leurs iugemens contre les condamnez au payement des amendes & confiscations, qu'ils feront mettre és mains du Maistre de la Monnoye du ressort.

Arrest du Priué Cons. Septemb. 1555. Toutesfois, où lesdicts deputez faisans leurs cheuauchées par les Prouinces, auroient preuenu faicts & instruicts les procez contre aucuns faux monnoyeurs, rongneurs, billonneurs & autres, sur lesquels ils ont iurisdiction cumulatiue & par preuention seulement, en ce cas ils seront tenus renuoyer lesdits procez & procedures, ensemble lesdits preuenuz & delinquans pardeuers nosdites Cours de Parlemens ou Iuges Royaux des Prouinces ou lesdits procez seront instruits, pour y estre iugez, sans extraction des personnes hors de leur ressort pour ce regard tant seulement: Et entãt que touche les Officiers de nos Monnoyes, Changeurs, Orfeures, Iouailiers, Tireurs & Departeurs d'or & d'argent, & autres sur lesquels nostredite Cour des Monnoyes a cognoissance & iurisdiction, priuatiue à tous nos autres Cours & autres Iuges par nos Edicts & Ordonnances, ils pourront estre tirez & extraicts de leurdit ressort, tant en matieres criminelles que ces causes & matieres ciuiles, desquelles nostredite Cour des Monnoyes a cognoissance entre nosdits Officiers par preuention desdits pays & ressort quand besoin sera pour ester à droict par nostredite Cour des Monnoyes: le tout nonobstant, &c.

Lesdits Deputez & chacun d'eux faisans icelles visitatiõs, feront porter quant & eux vn poids marc en pille, auec vn trebuchet garny des poids y necessaires, le tout estalõné & adjousté en ladite Chambre des Monnoyes à Paris ? surquoy facent adjouster & conformer tous les poids qu'ils trouuerront par les Monnoyes ouurans, ausquels les ouuriers besongnans esdits poids en chacun pays pourront auoir recours: & sur lesquels lesdits deputez chacun en son regard pourront verifier les fautes, si aucunes y estoient commises, pour en faire la iustice telle qu'au cas appartiendra. François 1. 1540. art. 54.

S'ils trouuent aucuns lieux auoir besoin de Changeurs, ils en pourront commettre pour vn an par maniere de prouision, de gens de bien par communes renommees, sçauans & experimentez, auec facultez de biens, pour exercer lesdits estats, comme il est accoustumé cy-deuant; pendant lequel temps d'vn an, lesdits Châgeurs ainsi commis, se pourront retirer deuers nous, & de ce obtenir letres en tel cas requises. Idem. art. 19.

Contraindront tous Affineurs & Changeurs, de liurer leur fait fort en la Monnoye, & à faute de ce, payer au Roy ce qu'ils deuront à cause d'iceluy. Charles 9. R. 1570.

Auront esgard sur l'ouurage des Mines d'or & d'argent, & feront liurer és Monnoyes les ma- Idem.

tieres prouenantes d'icelles, par les Maistres & ouuriers desdites Mines.

Idem. Pourront ordonner les frais de iustice sur les confiscations & amendes prouenans à cause de leurs iugemens : ensemble pourront cognoistre & ordonner des reparations necessaires à faire és hostels des Monnoyes appartenantes au Roy en proprieté ou non, & les bailler au rabais : feront les Baux à ferme des Maistrises des Monnoyes expirez ou prests à expirer, en faisant faire les proclamations, mettre & apposer affiches, pour en faire deliurance au plus offrant & dernier encherisseur.

François I. 1540. art. 57. Et quant aux iournées & vacations accoustumées desdits Deputez generaux ainsi particulierement visitans de ville en ville, & de lieu en lieu lesdites Monnoyes, nous voulons que leurs procez verbaux de ce faicts, rapportez pardeuers la Chambre desdites Monnoyes à Paris, soit sur iceux par ladite Chambre des Monnoyes expediée certificatiõ signée de quatre d'entr'eux pour le moins & de leur Greffier, contenant le temps que leursdits deputez chacun en son regard aurõt vacqué en cestuy affaire hors la ville de Paris, & que sur ce leur soient par les gens de nos Comptes ou Tresoriers de France, deliurez mandemens & assignations tant sur le Receueur general des boëttes, profits & esmoluments de nos Monnoyes s'ils le peuuent porter, les gaiges d'offices prealablement payez : sinon, sur les amendes de ladite Chambre des Monnoyes, ou sur le Receueur des Exploicts & amendes de nostre Cour de Parlement à Paris, sur les deniers des amendes qui nous ont esté ou seront adiugées en icelle Cour, procedant des delicts commis au faict desdites Monnoyes, les charges ordinaires de ladite Cour solutées & aquittées, & sur iceluy ou ceux desdits Receueurs qui mieux le pourra ou pourront porter en tout ou partie, en maniere que lesdits Generaux soient d'icelles cheuauchées entierement satisfaicts & payez, & sans qu'il leur soit pour ce besoin auoir ny recouurer de nous autres mandemens ny acquits. Et s'il aduenoit que nous fissions cy-apres aucuns dons ou autres assignations sur lesdites amendes procedans des Monnoyes à quelques personnes, & pour quelque cause que ce soit, nous n'entendons point qu'ils ayent lieu, ne qu'à iceux soit obtemperé: ains par exprez defendons aux gens de nos Comptes, Tresoriers de France & de nostre Espargne, les verifier & enteriner, si ne sont les charges ordinaires y estans auec les assignations si aucunes y a pour lesdites cheuauchées, preallablement payées, encores que par lesdites lettres les donataires & assignez fussent releuez de la presente Ordonnance auec clause derogatoire.

Des Aduocat & Procureur du Roy.

Tiltre IIII.

NOs Aduocat & Procureur en nostredicte Cour, feront diligence de faire apporter & iuger les boëttes des Monnoyes, feront garder les Ordonnances des Monnoyes, tiendront la main qu'elles soient publiées par les villes de ce Royaume, païs, terres & seigneuries de nostre Henry 2. R. 1554.

obeyſſance, de trois mois en trois mois, & qu'en icelles publications la loy des Monnoyes ne ſoit manifeſtée, & que les peines ne ſoient moderées.

De l'Apport, Ouuerture & Iugement des Boëttes.

Tiltre V.

Henry 2. R. 1554. SEra donné iour aux Officiers des Monnoyes, pour apporter ou enuoyer les boëttes de l'ouurage fait en l'année prochaine precedente, les vns apres les autres, & de huict iours en huict iours pour euiter confuſion.

Charles 9. R. 1563. Et à faute d'apporter par leſdits Maiſtres leſdites boëttes, ou enuoyer par hôme exprés garny du debt huicts iours apres le temps prefix ſeront leſdits Maiſtres condamnez en cinquante liures d'amende qui doublera de mois en mois.

Henry 2. R. 1549. art. 9. Auquel iour le Maiſtre particulier ſera tenu de comparoir en perſonne auec la garde qui aura apporté leſdites boëttes pour aſſiſter à l'ouuerture & iugement deſdites boëttes: lequel iugement ſera de tel effect, comme s'il auoit eſté donné auec tous les autres officiers de ladite Monnoye; & où leſdits Maiſtre & Garde ne comparoiſtroiét au iour aſſigné, où eſtans comparus s'abſenteroiét ou l'vn d'eux, nonobſtant leur abſence ſera procedé à l'ouuerture & iugement deſdites boëttes en la preſence de noſtre Procureur en la Chambre deſdites Monnoyes: & le iugement qui en ſera faict, ſera de tel effect, comme s'il auoit eſté donné auec leſdits Maiſtres, Gardes & autres officiers de la Monnoye de laquelle le iugement des boëttes ſera faict.

Les boëttes seront presentées en plain Bureau par ceux qui les apporteront, dont sera faict Registre, ensemble du nom du porteur, du iour de l'ouuerture, de la quantité de l'ouurage trouué en icelle, & arresté du iugement. Et le Maistre ou celuy qui aura apporté la boëtte, ne pourra desamparer la ville sans congé de la Cour, & auoir payé au Receueur des boëttes ce qu'il deura par la fin de son estat. Henry 2. R. 1554.

Sera procedé au iugement desdites boëttes incontinent qu'elles seront apportées, & joint audit iugement les deniers courans, pour suiuant iceux asseoir iugement s'ils sont hors les remedes & non autrement : & s'il se trouue aucune largesse de loy, n'en sera rien compté au Maistre, mais seront les Gardes aduertis d'en faire boëttes à part. Idem.

S'il se trouue en procedant au iugement des boëttes desdites Monnoyes, aucuns deniers d'or ou blanc, qui ne soient des poids & loy ordonnez & dedans les remedes, en ce cas, tout l'ouurage desdites boëttes sera iugé de pareil foiblage & escharcets. Et seront lesdits Maistres, Gardes & Essaieurs respectiuement priuez de leurs Estats & Offices, & sera procedé contr'eux par mulctes & amendes; tant pecuniaires que corporelles, selon l'exigence des cas : Et ou cas qu'il se trouue aucuns deniers d'or ou blanc courãs par les bourses, plus foibles de poids ou eschars de loy que les deniers desdites boëttes, en ce cas lesdits Maistres, Gardes & Essayeurs seront tenus de telle & semblable peine que les faux-monnoyeurs sans y faire difficulté. Henry 2. 1549. art. 5.

Henry 2. R. 1554. Apres le iugement, sera l'Arrest escrit en la fin du papier des Deliurances, de la main du President qui aura assisté audit iugement, & deliuré à l'vn des Generaux chacun à son tour, pour dresser l'estat au Maistre, tant en recepte que despence : lequel general en viendra prest dãs deux iours, & ne sera que huict iours au plus à faire l'estat, lequel il rapportera à ladite Cour: sera verifié en plain Bureau, enregistré és Registres des estats des Mõnoyes par le Greffier, collationné & signé desdits President & General, qui aura dressé ledit estat, & baillé certification au Receueur des boëttes de la somme deuë par la fin d'iceluy pour en faire le recouurement.

Charles 9. R. 1566. Dressant l'estat feront payer aux Maistres tous remedes & seigneuriages de tout l'ouurage qu'ils auront faict, encore qu'il excedast la quantité de l'ouurage dont ils seront chargez.

François 1. 1540. art. 45. Ou cas qu'il y auroit chommage en aucune Monnoye excedant le temps de trois mois, cessera le payement des gages des Gardes, contre-Gardes, Tailleurs & Essayeurs, pour ledit temps qui sera par les Generaux distraict & rejetté desdicts estats.

François 1. 1540. art. 43. Et à ce que lesdicts Maistres ayent meilleur moyen & occasion de bien & loyaument seruir, les exemptons & deschargeons de tous droicts & espices qu'ils souloient cy-deuant payer, tant ausdits Generaux de nos Monnoyes au iugement des boëttes ou autrement, que semblablement aux Clercs & Auditeurs de leurs Comptes : defendant bien expressément ausdits Generaux & Auditeurs respectiuement, que d'iceux droicts

& espices ils n'ayent à en demander, poursuiuir ny receuoir aucune chose desdits Maistres, & ausdits Maistres particuliers de ne leur bailler: reseruant toutesfois à nous lesdits droicts plus amplement entendus, d'en assigner & faire ailleurs appointer lesdits Generaux & Auditeurs ainsi que verrons estre à faire.

Les estats qui seront deliurez aux Maistres pour rendre leurs comptes, seront collationnez en plain Bureau, & signé par vn General & le Greffier. Henry 2. R.1554.

Les Presidens & Generaux des Monnoyes enuoyeront chacun an en la Chambre des Comptes vn brief estat en Recepte & despence, de toutes les boëttes iugées & estat fait aux Maistres des Monnoyes durant ladite année. Idem.

Du Receueur general des boëttes.

Tiltre VI.

ET le Receueur general des boëttes, de six mois en six mois baillera ou enuoyera estat au vray en recepte & despence de ce qu'il aura receu aux gens des Comptes & Tresorier de l'Espargne: & sera tenu le communiquer aux Generaux des Monnoyes, quand il luy sera par eux ordonné. Idem.

Des Generaux Prouinciaux & Subsidiaires des Monnoyes.

Tiltre VII.

PAr Edict auons creé & restably les Conseillers generaux sur le faict de nos Monnoyes, ainsi qu'ils souloient estre d'ancienneté en cha- Henry 3. 1577. art. 1.

cune de nos Prouinces où ſont eſtablies nos Cours de Parlement : ſçauoir eſt, Languedoc, Guienne, Bretagne, Normandie, Bourgongne, Dauphiné & Prouence : aux meſmes honneurs, authoritez, preeminẽces, libertez, gages, droicts, profits & emolumens : tels & ſemblables qu'ont de preſent nos autres Conſeillers generaux de noſtredite Cour des Monnoyes reſidans à Paris.

Idem. art. 2. Eſquels offices de Generaux Prouinciaux, ſera par nous particulierement pourueu, & par nos ſucceſſeurs Roys à l'aduenir quand vacation y eſcherra de perſonnes capables & ſuffiſans, ſoient de robbe courte ou de robbe longue indifferemment, pourueu qu'ils ſoient de probité requiſe, experts tant audit faict des Monnoyes, qu'en la practique iudiciaire & confection de procez criminels : & ſe trouuans tels par l'examen qui s'en fera en noſtredite Cour des Monnoyes, nous voulons leur ſerment y eſtre receu, & qu'ils ſoient agregez auec nos autres Conſeillers generaux de noſtredicte Cour des Monnoyes, pour y auoir entrée & ſeance en leur rang, auec opinion & voix deliberatiue en toutes matieres appartenans à leur iuriſdiction & cognoiſſance, quand ils s'y trouueront pour le faict de leurs charges, & que leſdits Generaux ſoient payez de leurs gaiges en la meſme forme, & par meſme aſſignation que les autres Generaux de noſtredite Cour des Monnoyes. Laquelle aſſignation leur ſera d'autant augmentée.

Henry 2. 1549. art. 10. N'entreprendront aucune Iuriſdiction ny cognoiſſance des boëttes des Monnoyes ny ſur les

Maistres & Officiers d'icelles en ce qui concerne le faict desdites Monnoyes.

Lesdits Generaux estans à Paris lors du iugement des boëttes des Monnoyes estans dans l'estenduë de leurs Prouinces assisteront ausdicts iugemens, & auront voix & opinion deliberatiue comme les autres. François 1. 1540. art. 18.

Feront leur residence és villes où sont establies nosdites Cours de Parlement: & neantmoins feront leurs cheuauchées & visitations ordinaires durant le temps de quatre mois par chacune année, à deux diuerses saisons: à chacune fois l'espace de deux mois entiers, chacun dans son ressort, selon l'estenduë de nosdites Cours de Parlement respectiuement. Et par special qu'ils ne faillent de se trouuer en toutes les Foires les plus celebres de leursdits ressorts, pour y faire publier, entretenir & garder les Ordonnances concernans le faict des Monnoyes auec pareil pouuoir qu'ont les autres Generaux de nostredite Cour des Monnoyes faisans leurs cheuauchées & visitations. Et pour leurs iournées & vacations, auront la somme de six liures tournois, que nous leur auons taxé & ordonné par chacun iour durant lesdits quatre mois, & à leurs Clers ou Greffiers soixante sols tournois aussi par chacun iour: à prendre par leurs simples quittances tant sur les profits & esmolumens de nosdites Monnoyes, que en defaut d'iceux (ou ils ne le pourroient porter) sur les amendes & confiscations prouenans des forfaictures sur le faict de nosdites Monnoyes chacun en sa Prouince respectiuement. Henry 2. 1577. art. 3.

Des Preuosts Royaux, Procureurs du Roy, Greffiers & Sergens de chacune Monnoye.

Tiltre VIII.

Henry 2. 1555. EN vertu des anciens priuileges accordez aux ouuriers & monnoyers de ce Royaume, lesdits ouuriers & monnoyers de chacune Monnoye, ont de coustume d'eslire d'entr'eux vn Preuost des ouuriers, & vn pour les monnoyers pour cognoistre de tous leurs affaires & differens, tant en matiere ciuile que criminelle, fors és trois cas de meurtre, rapt & larcin. Et vn Greffier.

Henry 2. 1548. art. 1. Au lieu desquels Preuosts & Greffier pour le bien de la Iustice, ordre & reglement de nos Mõnoyes que nous auons abolis & supprimez, ordonnons que d'oresnauant en chacune de nosdites Monnoyes n'y ait plus qu'vn seul Preuost pour lesdits ouuriers & monnoyers, & vn Greffier. Lesquels nous auons creez & erigez en tiltre d'offices Royaux, pour y estre pourueu de personnes capables & suffisans & qui prealablement auront esté trouuez tels par les Generaux de nos Monnoyes.

Idem. art. 2. Lesdits Preuosts auront telle iurisdiction, pouuoir cognoissance & authorité, comme de droict ont eu & deu auoir les Preuosts qui de present sont & aussi iouyront de tous les droicts, priuileges, franchises, exemptions & libertez, octroyées aux Maistres ouuriers & monnoyers de nosdites Monnoyes, & dont par cy deuant les Preuosts ont deuëment iouy & vsé.

Lesdits Preuosts auront respectiuement & par concurrence auec les Generaux subsidiaires, aux lieux où il y a desdits subsidiaires : la visitation & regard sur tous les Orféures, Ioyailliers, Changeurs, Departeurs, Affineurs, & autres officiers de nos Monnoyes, qui seront és villes & lieux estans soubs l'estenduë & ressort de chacune de nosdites Monnoyes. Lesquels ils seront tenus visiter de mois en mois pour sçauoir & entendre, si par lesdits Orféures, Ioyailliers, Changeurs, Departeurs & Officiers, aura esté fait aucune chose au preiudice de nos droicts, Edicts & Ordonnances, dont ils feront bons & amples procez verbaux qu'ils enuoyeront de trois mois en trois mois, pardeuers nosdits Generaux des Monnoyes à Paris, & des fautes & abus qu'ils trouuerront commises tant par lesdits Orféures, Ioyailliers, Changeurs, Affineurs, Departeurs & autres nos Officiers desdites Monnoyes, que aussi en nos Monnoyes courantes, pourront informer, saisir & arrester les ouurages & instrumens, pour incōtinent en aduertir nosdits Generaux à Paris, afin d'y pouruoir promptement. Idem art. 3

Et seront tenus en tous leurs actes, procedures, recherches & visitations, appeller auec eux le Greffier qui par nous aura esté pourueu ou son commis, sinon en cas d'euidente suspicion & les appellations interiectées de leursdites actes, sentences & procedures ressortiront immediatemēt, ainsi que de present pardeuant nosdits Generaux des Monnoyes à Paris. Idem art. 4

Par autre Edict fait à Ennet au mois d'Aoust 1555. le Roy Henry erigea en tiltre d'office vn

Procureur du Roy & deux Sergens en chacune Monnoye, aux priuileges des ouuriers & mónnoyers, & attribua aux Preuosts cinquante liures de gages par chacun an: & sur l'ouurage qui seroit fait en la Monnoye vn sol pour marc d'or, trois deniers pour marc d'argent, & vn denier sur marc de billon : aux Procureurs trente liures, au Greffier dix liures, & à chacun des Sergens dix liures tournois. Le Roy Henry III. par autre Edict fait à Chenōceau au mois de May 1577. cōfirma lesdits Offices auec ampliation de Iurisdiction & pouuoir ausdits Preuosts, & augmentation de gages iusques à deux cēs liures par chacun an: & droict de marc de cinq sols pour marc d'or, vn sol pour marc d'argent, & trois deniers pour marc de billon, & en ce faisant supprimoit vn office de Garde aduenant vacation. Lesquels offices de Preuosts estans trouuez interest & de grande charge pour les finances du Roy, par Edict du mois de Iuillet 1581. ont esté supprimez & remboursez des deniers prouenans de la vente des offices particuliers des Monnoyes, à sçauoir Gardes, Contregardes, tailleures & essayeures hereditaires, & les Preuosts pourueus suiuant l'Edict de l'an 1548 qui n'auoient prins ladite augmentation de gages & droict de marc & Greffiers delaissez en la iouyssance de leurs offices, & les Preuosts essectifs des ouuriers & monnoyers restablis és Mōnoyes esquelles n'y auoit Preuosts & Greffiers royaux suiuant iceluy Edict de l'an 1548.

Verificatiō. Parlement. Chambre des Cōptes.

Lesdits officiers ne pourront prendre leurs gages sur les confiscations & amendes.

A la charge que les officiers de la Cour des Mon-

Monnoyes seront premierement payez que les Generaux subsidiaires, Preuosts & autres officiers nouuellement erigez.

A la charge que lesdits subsidiaires suiuant les anciens reglemens de ladite Cour, ne pourront faire fabriquer és Monnoyes du Roy aucuns menus ouurages ou autre nouuel ouurage de Monnoye, ny instituer ou commettre aucuns officiers pour ouurer ou monnoyer sans lettre du Roy verifiées en ladite Cour des Monnoyes, encores que lesdites lettres leur fussent addressées.

Cour des Monnoyes.

Des matieres dont la cognoissance appartient priuatiuement à ladite Cour, n'auront que l'instruction iusques à sentence difinitiue exclusiuement, & seront tenus renuoyer lesdits procez à ladite Cour pour estre iugez. Qu'ils defereront aux Presidens & Conseillers de ladite Cour allans en commission, soit par ordonnance du Roy ou de ladite Cour: & ne pourront faire aucun exercice de iustice en lieu ou seront lesdits Commissaires sans leur communiquer : & mettront en leurs mains tous les procez & procedures par eux faites qui seront à iuger, pour estre iugées par lesdits Commissaires appellez lesdits subsidiaires, auec tel nombre d'assesseurs qu'il sera necessaire.

Qu'ils enuoyeront en ladite Cour de six mois en six mois tous les procez verbaux des cheuauchées, visitations & essais des deniers courans, tant des Monnoyes du Roy qu'estrangeres, qu'ils auront faits, ensemble les iugemens par eux donnez, & autres deuoirs & diligences concernans leurs Estats.

N'auront aucune participation, association, parenté ny alliance, auec les Maiſtres & Officiers deſdites Monnoyes de leur departement: & à ceſte fin ſera informé ſur les lieux auparauant que proceder à leur reception.

Ne pourront loger, hanter ne frequenter, auec les Maiſtres & Officiers deſdites Monnoyes, tant és hoſtels deſdites Monnoyes qu'ailleurs: & ne ſeront auec eux, ſinon autant que pour le deuoir de leurs offices il leur ſera beſoin & neceſſaire.

Ne pourront ordonner deniers ſur les Maiſtres des Monnoyes de leur departement, ny receuoir d'eux aucuns deniers pour quelque cauſe que ce ſoit. Et ſeront payez de leurs gages comme les Conſeillers de ladite Cour par les mains du Receueur general des boëttes, ſuiuant la verification faite en la Chambre des Comptes.

Des villes où ſe doit battre Monnoye.

Tiltre IX.

Henry II. 1554. art. 1. IL n'y aura plus de Monnoyes ouuertes, & eſquelles il ſoit permis ouurer ou monnoyer, ſinon és villes eſquelles ſont eſtablis nos amez & feaux Conſeillers les Treſoriers de France & Generaux de nos finances.

Idem art. 2. Et ſi par importunité, ſurpriſe ou autrement, aucunes lettres ſont obtenues pour faire ouurer en autres villes. Voulons & ordonnons, qu'icelles lettres ne ſoient verifiées par noſtre Cour des Monnoyes, ſans que ſur icelles nous ayent eſté faites remonſtrances.

Des Officiers particuliers des Monnoyes, Tiltre commun.

Tiltre X.

ORdonnons que les villes où sont establies lesdites Monnoyes, nous presenteront doresnauãt les Maistres, Gardes, Tailleurs, Essayeurs & Contregardes desdites Monnoyes : & nous certifiront iceux estre gens de bien & de bonne renommée & conuersation : & lesquels seront par nous pourueuz desdits Estats à la susdite nomination & non autrement, & receuz par les Generaux de nos Monnoyes à Paris, apres qu'ils auront esté par eux examinez & trouuez suffisans pour exercer lesdits Estats & Offices. Henry 2. 1549. art 8. Il n'y a plus de Maistres en Offices, mais des Fermiers des Monnoyes.

Et pource qu'aucunes concussions ont peu & pourroient estre faites pour nous nommer lesdits Officiers, & par tel moyen nous ont esté & pourroient encores estre nommez des personnes non cautionnez, incapables & sans experience dudit faict des Monnoyes, d'où sont procedez lesdicts abus : Ordonnons que ceux desdites villes qui nous nommeront lesdits Maistres & Officiers, ne prendront aucuns deniers ny autres biens d'eux, sur peine d'amende arbitraire, & d'estre punis comme infracteurs de nos Ordonnances, & laquelle nomination sera faite en pleine assemblée de Ville. Henry 2. 1554. art. 2.

Lesdits Officiers estans nommez par lesdites villes, ne pourront obtenir lettres d'offices de Nous, que preallablement ils n'ayent presenté Idem art. 4.

leurs lettres de nomination desdites villes en nostredite Cour des Monnoyes, pour estre communiquées à nosdits Procureur & Aduocat en icelle. Et apres seront lesdites personnes examinez sur le faict desdites Monnoyes par nostredite Cour, de laquelle s'ils sont trouuez capables, ils prendront certification de leur suffisance, laquelle auec leurdite nomination sera attachée soubs le contreseel de nostre Chancellerie, aux lettres d'Office que leur ferons expedier des estats ausquels ils nous seront nommez. Lesquelles nos lettres nous voulons estre aussi communiquées à nosdits Procureur & Aduocat: & apres eux oüis, & s'ils n'ont cause valable pour empescher la verification, voulons icelles estre enterinées: & nos officiers pourueuz par icelles estre receuz au serment en plein Bureau d'icelle Cour & non autrement. Apres toutesfois que lesdits Officiers aurōt fourny & baillé cautions suffisantes pardeuant les Iuges ordinaires des lieux, nos Aduocat & Procureur appellez, selon que par nos anciennes Ordonnances ils sont tenus faire: & que lesdites cautions auront esté receuës par nosdits Aduocat & Procureur: deffendant bien expressement à nostredite Cour de ne proceder à la reception desdits Officiers auant lesdites cautions baillées en la maniere que dit est, sur peine de nous en prendre à elle.

Idem, art. 5. Aucuns estrangers non regnicoles ou parens des Presidents & Generaux de nos Monnoyes, ny personnes ayans charge & administration de nos finances, ne pourront estre Officiers, Maistres, ny commis desdits Maistres desdites Monnoyes.

Les Maistres particuliers, Gardes, Contre-gardes, Tailleurs & Essaieurs, ouuriers & monnoiers, en chacune de nos Monnoyes, sur peine de priuation de leurs Estats, Offices & priuileges respectiuement, feront residence au lieu auquel ils doiuent le seruice & exercice requis à leurs estats & offices. François I. 1540 art. 16.

Tous Officiers des Monnoyes ne pourront exercer leurs Estats par commis ne deputez, mais les exerceront en personne. Henry 2. * 1554. art 8.

Toutesfois s'ils sont malades ou impotens, ils y pourront commettre pendant leur maladie. Loys 12. 1567.

Et au defaut des Gardes, decedé, ou absent par maladie, ou excusation legitime, l'autre Garde veillera & fera les offices de tous deux : aussi s'il n'y auoit Gardes en aucunes de nosdites Monnoyes ouurans, le Contregarde fera & exercera l'office de Garde : & en semblable s'il n'y a aucun Contregarde, l'vn des Gardes fera l'office de Contregarde : desquels exercices ils respondront respectiuement, tout ainsi que si c'estoit en leurs mesmes charges & offices. Fran. I. 1540 art. 33.

Aussi en prendront respectiuement les gages auec ceux de leurs offices, en cas de mort ou pour non legitime empeschement seulement, & en ce faisant feront boëttes à part. Henry 2. * 1554. art. 47.

Lesdites Gardes, Contregardes, Tailleurs & Essayeurs, sur peine de perdition de leurs offices & d'amende arbitraire, ne feront faict de Change, & n'auront aucune association, ny participation quelconque du faict de Monnoye auec aucuns Changeurs leurs associez & compagnons : ne semblablement auec aucuns Maistres des Fran. I. 1540 art. 36.

Monnoyes. Ne feront faict de marchandise dudit faict des Monnoyes en aucune maniere : & s'ils ou aucun d'eux (hors le Contregarde ou cas qu'il ne face l'office de Garde) estoient du Serment de la Monnoye ouuriers ou monnoyers, ils ne pourront ouurer ny monnoyer tant qu'ils seront esdits estats d'ouuriers & monnoyers.

Henry 2. * 1554. art. 31. Tous lesdits Officiers assisteront à toutes les deliurances qui se feront en la Monnoye, soit aux ouuriers monnoiers ou au Maistre, & de tout feront fidel Registre & procez verbal selon les anciennes ordonnances, sur peine d'amende arbitraire, sinon qu'ils soient legitimement absents.

Idem. art. 12. Et feront lesdits Maistres, Gardes, Contregardes, qui assisteront à bailler & retirer les bréues, Registres chacun separément sans aucune communication faire de l'vn à l'autre, sur peine d'amende arbitraire : contenant le iour que l'ourage aura esté baillé, les noms & demeurances des ouuriers & monnoyers, la quantité de ce qui leur aura esté liuré, & de ce qu'ils auront rendu de net & cizaillé separément : & semblable Registre sera aussi fait par les Preuosts des ouuriers ou leurs Lieutenans.

Idem art. 53. Les Maistres des Monnoyes, Gardes, Contregardes, Essayeur & Tailleur, Preuosts des ouuriers & monnoyers, ou leurs Lieutenans : enuoyeront de six mois en six mois en ladite Cour des Monnoyes tous les Registres qui leur est ordonné tenir, & en retiendront autant pardeuers eux, pour les communiquer aux Generaux qui seront deputez chacun an, pour faire la visitation desdites

Monnoyes, ſur peine de deux cens liures pariſis à chacun d'eux pour chacune faute qu'ils y feront.

Seront payez de leurs gages par les mains du Maiſtre de chacune Monnoye, pourueu qu'il n'y ayt eu chommage de trois mois au plus, lequel chommage ſera rabatu. Fran.1.1543

Suiuant l'Indult de noſtre S. Pere le Pape, & Ordonnance de nos predeceſſeurs, par leſquels ſi aucuns de nos Officiers ſont trouuez delinquans en leurs offices, ils doiuent eſtre priuez de leur Clericature. Declarons par ces preſentes, que non ſeulement les Maiſtres Gardes, Contre-gardes, Tailleurs, Eſſayeurs de nos Monnoyes: mais auſſi les Preuoſts, ouuriers & monnoyers d'icelles, Changeurs, Orféures, Affineurs & Departeurs, qui ont ferment à nous: enſemble tous faux Monnoyeurs, Rongneurs & Billonneurs, ou leurs receleurs: ne ſeront receuz en cas de delict commis au fait de noſdites Monnoyes à alleguer ny eux ayder d'aucunes lettres de Clericature. Henry 2, 1549. ar. 20

Des Maiſtres particuliers & Fermiers des Monnoyes.

Tiltre XI.

AV cun eſtranger ou parent des Preſidents ou Generaux de nos Monnoyes, ou autre ayant charge de nos finances, ne pourra eſtre Maiſtre de Monnoye. Charles 9. R. 1566.

Les Monnoyes ſeront baillées à ferme pour ſix ans au plus, à celuy qui ſe voudra charger Idem.

de faire plus grande quantité d'ouurage.

Idem.

Les Maistres particuliers & fermiers desdites Monnoyes, payeront tous remedes & seigneuriages de tout l'ouurage qu'ils auront fait, encore qu'il excedast la quantité dont ils seront chargez.

Et s'il se trouue aucune largesse de loy en l'ouurage, ne luy en sera rien compté.

Henry 2. R.1554.

Aussi s'il se trouue aucuns deniers forts en poids, & excedans les remedes, n'en sera rien compté au Maistre, mais en sera aduerty, afin qu'il donne ordre que son ouurage soit taillé dedans les remedes octroyez par les Ordonnances: & que ses alliages soient aussi faits dedans lesdits remedes d'iceluy ouurage. Sauf toutesfois audit Maistre de reprendre & refondre si bon luy semble, les ouurages ainsi larges de loy ou forts de poids. Et en ce cas seulement reprédre les deniers desdits ouurages qui auront esté mis en boëtte.

Henry 2. *1554. art.24.

Retiendront leur brassage par leurs mains.

Pourront fondre toutes especes ayans cours ou non par les Ordonnances, & bailleront bonne & suffisante caution bien & deuëment certifiée.

François 1. 1540.art.42. Charles 9. R.1566.

Et ne feront aucun ouurage qu'ils n'ayent baillé bonne & suffisante caution és mains des Gardes.

Les cautions & certificateurs sont presentez & receuz pardeuant le Iuge ordinaire des lieux, en presence du Procureur du Roy & des Gardes, laquelle caution est de mille trois cens trente-trois escus vn tiers, pour la seureté des deniers des Marchands qui liurent en la Monnoye, & enuers le Roy de la somme à laquelle se monte le faict fort : lequel Acte de caution eſt liuré aux Gardes pour enuoyer à la Cour des Monnoyes.

Ne pourront receuoir ny achepter aucune matiere ſujette à eſtre conuertie en Monnoye ſans appeller les Contregardes: & en leur abſence les Gardes deſdites Monnoyes: leſquels ſont ordonnez pour arreſter les comptes entre leſdicts Maiſtres & les Marchands ou autres qui liurent eſdictes Monnoyes. Et tiendront leſdicts Maiſtres bons Regiſtres, eſquels ils eſcriront par chacun iour, les noms de ceux qui liurent ou vendent aucunes deſdites matieres, les lieux de leur demeurance, & la qualité & quantité deſdites matieres. Henry 2.* 1554. ar.10.

Leſdicts Maiſtres ſeront tenus conuertir en eſpece de nos Monnoyes à nos coings & armes, & des poids & loy contenus en noſdictes Ordonnances, toutes les matieres d'or & d'argent & billon, qui leur auront eſté liurées, ou par eux acheptées: & qui ſeront eſdits Regiſtres, ſans en pouuoir affiner pour reuendre & tranſporter hors ladite Monnoye, ſur peine de confiſcation de corps & de biens. Idem ar.11.

Ne pourront affiner aucune matiere d'argent ou billon ſans la preſẽce des Gardes & Eſſayeurs, deſquelles auſſi leſdicts Maiſtres feront ſeparément Regiſtre, contenant la quantité & prix de ladite matiere auant que d'eſtre miſe dedans l'affinoire: & ſemblablement le prix de l'argent qui en prouiendra, & le fin qui ſera trouué tenir ſuiuant l'eſſay qui en ſera faict par ledict Eſſayeur, ſur peine auſdits Maiſtres d'eſtre punis comme de faux. Idem art. 15

Idem. art. 12.

Lesdits Maistres respondront de leurs seruiteurs & commis, pour les fautes qu'ils peuuent commettre aux alleages, fontes,& autres affaires de la Monnoye. Lesquels alleages lesdits Maistres feront dedans les remedes de nostredicte Ordonnance, & sous les peines cõtenues en icelles. Et tiendront leurs tables si nettes, que les royaux jettez en icelles ne soient chargez, afin que cela n'empesche les ouuriers de rendre leur ouurage net: & ne pourront lesdicts Maistres, bailler ny retirer aucunes brefues des ouuriers & monnoyers qu'en la presence de l'vn des Gardes ou du Contregarde, sur peine de confiscation d'icelles.

Idem art. 13.

Ne seront contraincts bailler breues à aucuns ouuriers ny monnoyers, encores qu'ils soient d'estoc & ligne esdicts estats, s'ils ne sont suffisans, bien entendus & bien ouurans de leursdits estats, & desquels ils auront le choix & eslection.

Idem art. 14.

Lesdits Maistres tiendront leur Monnoye garnie de balances bonnes & iustes, & de poids qui auront esté estalonnez sur ceux estans en la Cour des Monnoyes.

Charles 9. 1563. R.

Enuoieront leurs boettes à Paris en la Cour des Monnoyes, par homme exprés, garny du debet, huict iours apres le temps prefix, à peine de cinquante liures d'amende, qui doublera de mois en mois.

Idem

Esliront domicile en la ville de Paris trois mois apres la deliurance de la ferme de la Monnoye, esquels domiciles apres les assignations escheues (ausquelles ils sont tenus apporter leurs boettes) se feront tous adjournemens & commandemens necessaires, qui vaudront comme faicts parlant à leurs personnes & domiciles.

Des Gardes des Monnoyes.

Tiltre XII.

LEs Gardes des Monnoyes ne laisserōt aller, venir ny entrer en nos Monnoyes aucuns personnages, sinon ceux qui auront le serment à nous, & pour le faict de nos Monnoyes, ou qui auront quelque chose à faire auec le Maistre de nosdites Monnoyes, sur peine d'amende arbitraire. Francois 1. 1540. art. 12.

Les Gardes des Monnoyes auront l'œil que les Maistres des Monnoyes ne changent les poids qui auront esté estalonnez sur celuy de la Cour des Monnoyes, & que leurs balances soient iustes: pour euiter aux abus qui en pourroient ensuiuir, & assisteront souuent aux essais que fera l'Essayeur, & verront son Registre, pour entendre de quelle loy sont toutes les matieres que le Maistre aura receues: & aussi fondues & liurees aux ouuriers & monnoyers. Henry 2. 1554.* art. 29.

Seront presens à tous les affinemens, essais & poids esquels nous & la chose publique de nostre Royaume, pouuons auoir interest: assisteront à toutes deliurances, tant de rouge blanc que noir, ouures & à ouurer: semblablement soient presens à voir mettre en boette les deniers accoustumez pour le iugement de nosdites Monnoyes & tous autres actes qu'il est & sera requis du deu de leurs offices suiuant nos Ordonnances: & de Franc. 1. 1540. art. 32.

tout facent & tiennent Registres & papiers ordinaires.

Assisteront aux baux qui seront faicts de toutes bréues aux ouuriers & monnoyers, & tiendront bons Registres contenans par iournées les noms de tous les ouuriers & monnoyers, & de leurs demeurances, ausquels lesdits baux auront esté faicts : la qualité & quantité de la matiere liurée : & de ce qui en sera par eux rendu de net & de cizaillé separément par articles.

Henry 2. * 1554. art.16.

Idem art.17.

Lesdits Gardes bailleront les deneraux ausdits ouuriers, pour sur iceux adjouster leurs ouurages tant en poids, grandeur que rotondité : & seront lesdits deneraux marquez, à ce que lesdicts ouuriers ne les puissent changer : & visiteront souuent iceux Gardes, pour cognoistre s'ils adjousteront bien leurs carreaux sur lesdits deneraux : afin d'euiter la refonte de l'ouurage : & suiuant l'Ordonnance feront faire prise quand bon leur semblera par l'Essayeur deuant les ouuriers & monnoyers, afin que s'ils cognoissent que l'ouurage ne soit dedans les remedes ordonnez, qu'ils les facent refondre incontinent qu'ils en auront la cognoissance aux despens du Maistre s'il y a faute en la Loy.

Idem art. 18.

Si en la reddition qui sera faicte des bréues, iceux Gardes cognoissent qu'il y ayt aucuns flancs qui ne soient bien ronds & ouurez, ils les feront refondre aux despens desdits ouuriers : & s'ils cognoissent que lesdits ouuriers rescidiuent en telle faute, procederont contre eux par amendes arbitraires, & suspésion d'ouurer esdites Monnoyes : & par priuation s'ils voyent que faire se doiue.

Lesdicts Gardes receuront des Tailleurs desdites Monnoyes: tous les fers qui seront necessaires pour monnoyer esdites monnoyes, desquels ils tiendront bons Registres : & contraindront lesdits Tailleurs que leurs fers soient de la grandeur & rotondité qui sera grauée en la matrice à eux baillée par le Tailleur general. Idem art.19.

Et que les lettres de la legende soient assises d'vne mesme distance, & semblablement les differends des villes, du Maistre & dudict Tailleur apparents : & qu'iceux fers soient bien polis & grauez, & que les poinçons desquels ils grauent soient frappez sur la matrice qui leur a esté enuoyée par le Tailleur general des Monnoyes, & non sur autres sur peine de faux. Et liureront lesdits Gardes chacun iour lesdits fers ausdits monnoyers, & les retireront d'eux auant la nuict pour les enfermer dedans leur coffre, lequel sera dedans le comptoir de la Monnoye : sans qu'il leur soit loisible les transporter hors ladite Monnoye sur les peines que dessus. Idem art.20

Seront presents à veoir monnoyer, ayent l'œil que les fers soient bons, que toutes les lettres d'alentour soient bien formées, que chacune piece, tant d'or, d'argent, que Monnoye blanche, soient de bon recours, rotondité, assiette & impression : d'vn mesme poids reuenant au marc, & le marc à la piece esgallement au nombre qu'en doit contenir chacun marc, & à ceste fin les pesent & trebuschent : & s'il y a aucun ou aucuns desdits ouuriers & monnoyers qui ne feissent en ce leur deuoir, ou n'estoient assez diligens de seruir quād il est besoin au faict desdites monnoyes: François 1. 1540. art.34.

nous voulons que lesdicts Gardes les contraignent à ce, par les voyes en tel cas accoustumées, & neantmoins en aduertissent les Generaux de nos Monnoyes, pour par eux estre procedé à l'encontre de ceux qui serôt trouuez en ce mal vsans ou abusans de leurs estats, par suspension ou priuation de leurs priuileges ou autrement, ainsi qu'ils verront estre à faire par raison, & de toutes autres fautes ou nouuelletez si aucunes suruiennent au faict desdites Monnoyes, chacun desdits Officiers en sa charge aduertisse lesdicts Generaux.

Idem art. 35. Voulons qu'en visitant par lesdits Gardes les deniers dont sera ouuré & monnoyé en icelles Monnoyes, s'ils en trouuent aucuns qui ne soient formez ainsi qu'il appartient, qu'ils les separent des autres & les remettent à la fonte, & que lesdits ouuriers & monnoyers soient non seulement priuez de leurs salaires de tels ouurages, mais contraints reaument & de faict, rembourser le Maistre particulier, de la perte & dechet qui en pourra estre de nouuelle fonte, sinon leur en faire deduction sur leurs salaires d'autre ouurage ou monnoyage, & que en ce ledit Maistre particulier puisse vser de retention.

Idem art. 40 Enjoignons ausdits Gardes auoir l'œil qu'en faisant & exerçant par lesdicts ouuriers & monnoyers leurs estats ainsi qu'il appartient, ils soient par les Maistres particuliers de nos Monnoyes, satisfaits & contentez du salaire que par nos Ordonnances ils doiuent auoir en icelles nos Monnoyes. Et que à ce en cas de refus ou delay, contraignent lesdicts Maistres particuliers de nos

Monnoyes par retention de leurs deniers, & autres voyes deues & raisonnables.

Pour auerer & verifier les ouurages qui seront faits esdites Monnoyes lors que besoin sera, lesdits Gardes enuoyeront de six mois en six mois deux pilles & deux trousseaux, sur lesquels on aura monnoyé en leur monnoye, & dont l'on ne pourra plus monnoyer, ausdits Generaux des monnoyes : lesquels les feront enfermer en vn coffre, duquel l'vn des Presidens, vn General & le Greffier, auront les clefs differentes les vnes des autres. Et quant au surplus desdits fers sur lesquels aura esté monnoyé incontineut vne année expirée lesdicts Gardes seront tenus les mettre en inuentaire dans vne toile, qu'ils lieront & seelleront de leurs seaux pour estre par eux gardez seurement, iusques à ce que le iugement des boettes des ouurages qui auront esté monnoyez sur lesdits fers, ait esté fait par ladite Cour des Monnoyes, & que par icelle Cour ait esté ordonné faire rompre & casser lesdits fers, & dont lesdits Gardes seront certifiez par ladite Cour : le tout sur peine de cinq cens liures tournois d'amende. Henry 2. 1554.* art. 21.

Apres que lesdits Monnoyers auront rendus leurs bréues, tout l'ouurage sera mis és mains desdits Gardes, lesquels seront tenus les poiser au trebuchet vne piece apres l'autre : & s'ils en trouuent excedás les remedes sur ce ordonnez, ou des pieces estellées ou mal rondes, les cizailleront & feront refondre aux despens des ouuriers. Et s'ils trouuẽt desdites pieces mal monnoyées les cizailleront & feront refondre aux despens des mon- Idem art. 22.

noyers : & s'ils cognoissent aucuns des ouuriers ou monnoyers recidiuans en telles fautes, les puniront par mulcte d'amendes arbitraires, suspension & priuation d'estats, comme ils verront estre à faire.

Idem art. 23. Lesdits ouurages estans poisez au trebuchet par lesdits Gardes, & apres auoir rejetté ce qui estoit mal ouuré & monnoyé (comme dit est) seront iceux ouurages mis dans vn coffre, duquel les Gardes & Essayeur auront chacun vne clef differente, & demeurera au comptoir en la garde du Maistre, pour la seureté de ses deniers.

Idem art. 28 Pour euiter que les Maistres des Monnoyes ne demeurent en arriere & redeuable, tant à nous qu'à ceux qui liureront en nosdites Monnoyes, lesdits Gardes à toutes heures qu'ils voudront contraindront lesdicts Maistres à leur monstrer leur estat, & le fonds de tout ce qu'ils deuront auoir en leurs mains pour le faict & maniment desdites Monnoyes, dont lesdits Gardes feront procez verbal & en aduertiront souuent ladicte Cour des Monnoyes, pour pouruoir à ce qui sera necessaire.

Des Essayeurs particuliers des Monnoyes.

Tiltre XIII.

Henry 2. 1554. art. 33. L'Essayeur fera les essais de toutes matieres, d'or, d'argent & billon, qui seront liurées au Maistre de la Monnoye : lesquels il communiquera pour arrester le compte d'entre ledit Maistre & ceux qui auront liuré. Et des essais fera

bon

bon Registre, contenant les noms, surnoms & demeurances de ceux qui auront liuré ou vendu audit Maistre, la qualité & prix de la matiere & le iour de la deliurance.

Quand les ouuriers & monnoyers trauailleront, ledict Essayeur fera prise de l'ouurage qu'ils feront, & d'iceluy fera essay, lequel il rapportera aux Gardes, afin que s'il y a desdits ouurages qui ne soient dedans les remedes, qu'ils les facent refondre: & specialement ne pourra refuser de faire lesdites prises & essay lors qu'il luy sera ordonné par lesdits Gardes. Et desdictes prises rendra le reste des pieces audit Maistre: & ne pourra retenir à son profit que le fin desdits essais du blanc: & quant à l'or, rendra tout la fin des douze grains qu'il doit prendre en chacune fournaise selon les Ordonnances. Idem art. 34

Et quant à l'or, prendront les Essayeurs deuant les ouuriers en chacune fournaise, & de chacune bréues douze grains d'or poids de marc dont ils feront essay: & iceluy fait rendront au Maistre le fin d'iceluy essay. François 1540. art. 30

Assistera ledit Essayeur à toutes les deliurances qui seront faites apres le poids fait: fera prise pour faire ses essais & baillera les puelles aux Gardes & Maistres, encloses en papier ou parchemin auquel sera escrit ce que contiendra en quantité & poids la deliurance de l'or & blanc ouuré, l'aloy d'iceluy, & le iour de la deliurance. Et quát au fin de l'or, & ce qui pourra rester de la quatriesme partie dont il aura fait essay, sera tenu le rendre au Maistre incontinent apres le rapport fait dudit essay. Et desquelles deliurances, ledit Idem art. 35

Essayeur fera pareillement Registres, comme aussi de tous autres essais que les Maistres & Gardes luy feront faire soit de matiere affinée par ledit Maistre, grenaille ou autre. Et apres le iugement desdictes boëttes, sera ledict Essayeur tenu rendre au Maistre les puelles d'or qu'il aura.

François 1. 1540. art.30.

Lesdicts Essayeurs auront à leur profit la moitié des puelles & fin, de toute la Monnoye blanche & noire: & les Gardes l'autre moitié, comme ils ont accoustumé, suiuant nos Ordonnances. Et auant la deliurance dudict or monnoyé en escus soleil, prendront pareillement lesdicts Essayeurs vn escu soleil de ce qui sera à deliurer, lequel escu se couppera en quatre parties esgallement: l'vne, renduë au Maistre, vne autre mise és mains des Gardes, & les deux autres és mains de l'Essayeur: de l'vne desquelles, ledit Essayeur fera son essay auant ladicte deliurance, & l'autre, gardera seellée du seel des Gardes & du Maistre: celle des Gardes, seellee du Maistre & de l'Essayeur: & celle du Maistre, seellee desdicts Gardes & Essayeurs: chacune desquelles parties appellées puelles, encloses en papier ou parchemin, auquel sera escrit ce que contiendra, en quantité & poids la deliurance dudit or ouuré, l'aloy d'iceluy & le iour de ladicte deliurance, dont chacun des dessusdicts Gardes, Essayeur & maistre fera en son endroict Registre: celuy des Gardes, signé d'eux & desdicts Maistres & Essayeur: la fin duquel Essay tiré dudict quart d'escu, sera rendu aux Maistres à ladicte deliurance: & au regard des trois puelles faisans trois quarts d'escu ainsi departies aux Gardes, Essayeurs & Maistres, ils &

chacun d'eux seront tenus les garder iusques à ce que le iugemẽt soit fait des boëttes par lesdits Generaux, pour les leur presẽter si besoin est: & il est par eux ordonné en procedãt au iugement: lequel fait, seront tenus lesdits Gardes & Essayeurs, rẽdre icelles puelles d'or ausdits Maistres, sans en payer aucune chose à iceux Gardes & Essayeurs. Aussi fera & tiendra ledit Essayeur, Registre & papier ordinaire, de tous les Essais qui luy seront baillez à faire, soit grenaille ou autre matiere d'argent d'entre le Maistre & le Marchand, où il couchera le temps, poids, & loy d'iceux, & iceluy Registre & papier gardera deuers luy, pour le representer quand besoin sera.

Sous ceste espece d'escus au soleil mẽtionnee au presẽt article, se doiuent entendre toutes especes d'or: & le sẽblable s'obserue és deliurances des especes d'argẽt & billõ, desquelles especes les puelles restãs des essais, sont partis entre les Gardes & Essayeur, apres le iugement des boëttes: mais ne prennent aucune chose des essais, des prises faites pardeuant les ouuriers & monnoyers, sauf l'Essayeur le fin de son essay d'argent & billon reglé, par arrest de la Cour des Monnoyes, du 15. Mars 1583. que l'Essayeur prendra en chacune fournaise vn flaon deuant les ouuriers, duquel il fera ses essais, & n'en pourra retenir à son profit de toutes lesdictes prises plus de trois deniers de poids, qui sõt la valeur de deux essais, & fera semblable prise d'vn denier d'argent monnoyé deuãt les monnoyers, desquels il fera semblablement essay, & ne pourra retenir desdites prises à son profit plus de trois deniers de poids, & rendra audict Maistre le surplus desdicts flaons & deniers par luy pris deuant lesdicts ouuriers & monnoyers. Et pour le regard des ouurages de billon prendra ledit Essayeur deuant lesdicts ouuriers en chacune fournaise deux gros en flaons dudict billon,& autant deuant les monnoyers de chacune breue, dont il fera ses essais,comme dit est. Et ne pourra retenir à son profit dauantage que deux gros de la prinse faite deuant lesdits ouuriers, & autant de la prinse faicte deuant les monnoyers, & le surplus desdites prinses sera ledit Essayeur tenu le rendre audit Maistre.

Si en faisant l'essay des deniers des deliurances, l'Essayeur trouue quelque largesse de loy, il
Henry 2. *1554.ar.36. n'en aduertira le Maistre,mais seulement les Gardes & Contregardes,iusques à ce que les deniers qui deuront estre mis en boëtte y ayent esté mis. Auquel cas ledit Maistre pourra faire refondre ledit ouurage si bon luy semble.

Si au iugement des boëttes ou autrement, se trouue faute en aucunes de nos monnoyes tant de rouge que de blanc ou noir, les Gardes respon-
François 1. 1540. art. 37. dront du poids, & l'Essayeur & le Maistre particulier de la loy : toutesfois ou lesdits Gardes Essayeurs & Maistres particuliers se trouueroient par non residence contemneurs du seruice requis à l'exercice de leurs offices, ou autrement participans des fautes les vns des autres, ils en seront respectiuement punis à la rigueur de nos Ordonnances.

Sur peine d'estre punis comme faux-mon-
Henry 2. *1554.art.37 noyeurs, ledit Essayeur n'aura part ny association auec le Maistre ou son commis,& ne prendra de-

niers, dons ny presens de luy directement ou indirectement. Mais s'il est du serment des ouuriers ou monnoyers, il pourra bien ouurer ou monnoyer nonobstant sondit estat d'Essayeur.

Du Tailleur general des Monnoyes.

Tiltre XIIII.

LE Tailleur general des Monnoyes fera telle diligence de tailler des poinçons & grauer des matrices, que les Tailleurs particuliers desdites Monnoyes ne chôment apres luy, sur peine de suspension & priuation de son estat, & en icelles matrices mettra son different, & le milliesme de l'année en laquelle il aura fait lesdites matrices, lesquelles il deliurera en plein Bureau de ladite Cour des Monnoyes & non autrement : & dont sera fait Registre tât par le Greffier de ladite Cour, que par ledit Tailleur general. Et outre prendra ledit Tailleur acte de ce qu'il aura liuré pour sa descharge, le tout sur peine de punition corporelle, suspension & priuation d'office selon l'exigence du cas. Henry 2. 1554. art. 38.

Lesdictes matrices & poinçons seront liurées par lesdicts Generaux ausdicts Gardes ou Tailleurs particuliers en plein Bureau, & sera faict Registre de ladicte deliurance : & s'obligera celuy auquel la deliurance en sera faicte de les porter en la Monnoye, pour laquelle seront baillez, & rapporter ou enuoyer icelles matrices quand il sera ordonné par lesdicts Generaux. Idem art. 40

Des Tailleurs particuliers des Monnoyes.

Tiltre XV.

Idem art. 39 LEs Tailleurs particuliers des Monnoyes, seront tenus recouurer matrices & poinçons de la taille dudit Tailleur, par les mains de ladicte Cour des Monnoyes & en plein Bureau: desquels poinçons ou d'autres qu'ils auront frappez sur lesdites matrices d'iceluy Tailleur general & nõ sur autres, qu'eux ou autres pourroient auoir faites, apres que celles d'iceluy Tailleur general seront rompuës ou endõmagées, graueront les pilles & trousseaux dont sera monnoyé en leurs monnoyes.

Idem art. 41 Lesdits Tailleurs particuliers ne pourront besongner de leur estat, que au lieu qui leur sera ordonné dedans l'Hostel de la Monnoye: & seront tenus marquer les pilles & trousseaux au costé d'vn different, qu'ils esliront, & le declareront aux Gardes pour en faire Registre & y grauer l'année pour laquelle ils les auront faits, & polliront & tailleront lesdites pilles & trousseaux, tellement qu'il n'y defaudra forme, lettre, difference, ny poinct quel qu'il soit, mesme le different dudict Tailleur, lequel il mettra au dedãs de la legende: aussi celuy du Maistre, & obseruera entierement la grandeur & rotondité du caractere, lequel pour cet effect sera graué en la matrice dudit Tailleur general, & ne changera sa forme de tailler & grauer sur peine de faux sans aucune difference. Et lors qu'aucuns des poinçons dudict Tailleur seront rompus, ledit Tailleur particulier apres en auoir frappé d'autres sur ladite matrice, mettra peine de les limer & pollir tellement qu'ils ne soient ny plus gros, ny plus gresles que ceux dudit Tailleur general. Et lesdicts poinçons seront par luy marquez de sa marque au costé : & de la datte de l'année en laquelle il les aura faicts, sur ladite peine de faux.

Ledit Tailleur tiendra la Monnoye si bien garnie de fers que les monnoyers ne chomment par faute d'iceux : & sera tenu liurer aux Gardes tous lesdits fers qu'il fera. Et de la deliurance qu'il en fera, tiēdra bon registre, lequel pour sa descharge il fera signer ausdicts Gardes par chacune fois qu'il leur en liurera. Et si aucunes testes desdites pilles & trousseaux se descollent, & il les faut recoller, il en fera mention audict Registre, afin qu'vn mesme fer ne soit compté pour deux. Idem art. 42

Et outre ledit Tailleur tiendra bon Registre de la quantité des ouurages pour lesquels son droict de ferrage luy sera payé par le Maistre par chacun an, sur peine de cinq cens liures d'amende. Et ne sera compagnon ny associé du Maistre de la Monnoye : & ne prendra ny ne receura aucuns deniers ou presens dudict Maistre, & s'il est ouurier ou monnoyer ne pourra ouurer ou monnoyer cependant qu'il tiendra ledit estat de Tailleur, sur peine de punition corporelle. Idem. art. 43

Des Contregardes des Monnoyes.

Tiltre XVI.

Idem art. 44 LEs Contregardes desdites Monnoyes assisteront & seront presens à toutes les deliurances qui seront faictes en la Monnoye par quelques personnes que ce soient: seront aussi presens à la fonte & essais qui seront faicts des matieres liurées, & arresteront le compte d'entre le Maistre & les Marchands. Et pour ceste cause prendront sur lesdicts Marchands les droicts à eux ordonnez par les anciennes Ordonnances, qui sont quatre deniers tournois pour chacun marc d'or, & deux deniers tournois pour chacun marc d'argent : à la charge que lesdits Contregardes feront payer lesdicts Marchands à tour de papier. Desquelles deliurances faictes en ladite Monnoye, ensemble de toute matiere d'or, d'argent & billon, dont le Maistre fera achept: ledit Contregarde en tiendra bon Registre, contenant les iours, les noms, surnoms & demeurances de ceux qui auront liuré ou vendu, & la quantité, poids & loy de la matiere. Fera contrerolle de toutes les bréues qui seront liurées aux ouuriers & monnoyers: & de ce qui sera rendu par eux, tant de net que de cizaillé & de ce que poisera tout l'ouurage.

Idem art. 45. Assistera à toutes les deliurances qui seront faictes & demeureront apres ladicte deliurance faicte au Maistre, les deniers soubs la clef dudict Contregarde & en la seureté du Maistre, iusques à ce que les Marchands qui auront liuré les matieres dont sera procedé l'ouurage, soient entierement payez, & d'icelles deliurances fera bon Registre.

Si aucun apporte or, argent ou billon en la Monnoye, & qu'il ne puisse tomber d'accord auec ledit Maistre, ledit Contregarde en aduertira les Gardes pour ne laisser sortir ladite matiere hors: mais la facent fondre en ladite Monnoye, pour apres en faire payement à tour de rolle selon les anciennes Ordonnãces, lesquelles iceluy Contregarde fera obseruer en tous differens qui pourront suruenir entre lesdits Maistres & Marchands. Idem art. 46

Au defaut des Gardes par mort ou maladie, le Contregarde exercera l'office de Garde. Aussi s'il n'y a aucun Contregarde, l'vn des Gardes exercera l'office de Contregarde: desquels offices ils respondront respectiuement, tout ainsi que de leurs mesmes charges & offices. Aussi en prendront respectiuemẽt les gages auec ceux de leurs offices, en cas de mort ou pour non legitime empeschement seulement, & en ce faisant feront boëttes à part. Idem art. 47

Ledict Contregarde tiendra le contre-rolle contre les Changeurs estans dedans le ressort de la Monnoye, pour les contraindre à fournir l'or & l'argent qu'ils seront tenus liurer chacun an en ladite Monnoye. Idem art. 48

Lesdicts Contregardes n'auront aucune association auec le Maistre ou son commis, & n'en prendront aucuns dons ou presens, directement ou indirectement, & ne feront aucun faict de change sur peine de punition corporelle. Mais Idem art. 49

s'ils sont ouuriers ou monnoyers, pourront bien ouurer ou monnoyer suiuant les anciennes Ordonnances.

Des Preuosts eslectifs des ouuriers & monnoyers.

Tiltre XVII.

Idem art. 50. LEs Preuosts des ouuriers & monnoyers ou leurs Lieutenans, seront tenus faire Registre de toutes les bréues qui seront liurées aux ouuriers & monnoyers, par chacun iour, declarant les noms & demeurāces desdits ouuriers & monnoyers, & la quantité de l'ouurage qu'ils auront receu & rendu tant de net que cizaillé.

Idem art. 53. Enuoieront de six mois en six mois en ladite Cour des Monnoyes, tous les Registres que par ceste presente Ordonnance leur est ordonné tenir: & en retiendront autant pardeuers eux, pour les communiquer aux Generaux qui seront deputez chacun an, pour faire la visitation desdites Monnoyes, sur peine de deux cens liures parisis d'amende à chacun d'eux pour chacune faute qu'ils y feront.

Franc. I. 1543. R. Lesquels Registres en fin de chacune année ils bailleront aux Gardes, pour les enuoyer aux Generaux des Monnoyes, quand il leur sera mandé: & si aucun d'eux ne sçauoit lire ou escrire: en seront d'autres esleuz en leur lieu par lesdits ouuriers & monnoyers.

Des Ouuriers & Monnoyers.

Tiltre XVIII.

LEs Ouuriers des Monnoyes seront tenus bailler les façons qui ensuiuent, à sçauoir, frapper carreaux, flestir, eslaizer & bouer. Et seront tenus lesdits ouuriers à chacun desdits ouurages rechauffer. Henry 2. 1549. art. 4

Moyennant leur salaire ordonné, fourniront à leurs despens le charbon qu'il conuiendra pour ouurer, & rendront leurs ouurages sans aucun dechet, que d'vne once de cizaille pour marc seulement. Idem art. 6.

Adiousteront leurs carreaux sur les deneraux qui leur auront esté baillez par les Gardes, tant en poids, grandeur, que rotondité. Henry 2. 1554. * art. 17.

Les Monnoyers monnoyeront en telle sorte, que toutes les lettres d'alentour soient bien formées, que chacune piece, tant d'or, d'argent, que monnoye blanche, soient de bon recours, rotondité, assiette & impression, & d'vn mesme poids. Francois 1. 1540. art. 34

Lesdicts Ouuriers & Monnoyers sur peine de punition corporelle, ne pourront emporter les brèues & fers hors l'Hostel de la Monnoye, ny trauailler en ladite Monnoye sinon en plein iour : & rendront lesdits Monnoyers les fers chacun iour aux Gardes pour les enfermer en leur coffre. Et ne pourront rendre leurs brèues, sinon en la presence des Gardes de la Monnoye, afin que s'il se trouue par lesdicts Gardes Henry 2. 1554.* art. 51.

aucuns flaons qui ne soient de bon recours, estellez ou mal ronds, & d'autres mal monnoyez, que lesdicts Gardes les facent refondre respectiuement aux despens des ouuriers & monnoyers, ainsi que dit est cy-dessus.

De leurs Priuileges.

Tiltre XIX.

Pour recompense des cinq sols parisis de gages que les ouuriers & monnoyers auoient par chacun iour ferié & non ferié, sont exempts de toutes tailles, equiuallents, coustumes, peages, passages, fust pour raison de marchandise ou autrement, quatriesme, huictiesme, treiziesme, vingtiesme, cinquantiesme, centiesme, chaussées, subsides, cheuauchées, impositions pour la solde des cinquante mille hommes de pied, creuës du taillon, entree de villes, fortifications & reparations d'icelles, guets, emprunts, & generalement de tous subsides & impositions, subuentions & superindictions : attendu mesmes quand le cas le requiert, ils sont contraincts en delaissant leurs femmes & familles, aller demeurer en tels pays & endroicts de nostre Royaume qui leur est ordonné par leursdits Preuosts, pour en iouyr tant & si auant qu'eux & leurs predecesseurs en ont cy-deuant deuëment & iustement iouy & vsé, iouyssent & doiuent iouyr. François 2

Henry 2. 1554.* art. 52. Tous lesdicts ouuriers & monnoyers d'estoc & ligne, qui n'exercent ou n'exerceront actuellement & sans fraude leursdits estats, & pareillement ceux qui les exerceront & ne seront suffisans, entendus & capables pour les exercer, ne iouyront à l'aduenir, à commencer du iour & datte de ces presentes, des priuileges, franchises & libertez, donnez & octroyez par nos predecesseurs & nous, ausdits ouuriers & monnoyers. Et seront les Gardes tenus de bailler certification à tous lesdits ouuriers & monnoyers, qui exerceront bien & deuëment leursdits estats, pour leur seruir en la iouyssance desdits priuileges, franchises & libertez.

Aucuns desdicts ouuriers ou monnoyers ne iouyront des priuileges octroyez aux ouuriers & monnoyers, s'ils ne sont vrais ouuriers ou monnoyers, & de vacation conforme & experimentez au mestier, besongnans actuellement és Monnoyes du Roy : demeurans és villes ou seront les Monnoyes desquelles ils seront ouuriers ou monnoyers & sans fraude: Et ne sera faite aucune translation de monnoye à autre. François 1. R. 1516.

Des Deliurances.

Tiltre XX.

Deux iours de la sepmaine seulement qui seront les Mecredy & Samedy : seront iceux deniers mis sur le Bureau de ladite Monnoye, en la presence, à sçauoir en la ville de Paris, de l'vn desdits Generaux des Monnoyes & des Gardes, Essayeur, Tailleur, & Contregarde de la Monnoye. Et quant aux autres villes des dessusdicts officiers de la Monnoye : & seront tous les de- Henry 2. 1554. art. 23.

niers fort meslez ensemble, & d'iceux fait prise, essay & deliurance, en la maniere accoustumée.

Idem art. 35.

Apres le poids faict, l'Essayeur fera prise pour faire ses essais, & baillera les puelles aux Gardes & Maistres, encloses en papier ou parchemin, auquel sera escrit ce que contiendra en quantité & poids la deliurance de l'or & blanc ouuré, l'aloy d'iceluy, & le iour de la deliurance. Et quant au fin de l'or, & ce qui pourra rester de la quatriesme partie dont il aura fait essay, sera tenu le rendre au Maistre incontinent apres le rapport fait dudit essay. Et desquelles deliurances ledit Essayeur fera pareillement Registre, aussi de tous autres essais que les Maistres & Gardes luy feront faire, soit des matieres affinées par ledit Maistre, grenaille ou autre. Et apres le iugement desdites boettes, sera ledit Essayeur tenu rendre au Maistre les puelles d'or qu'il aura.

Fran. 1. 1540 art. 30.

Enioignons aux Essayeurs de nos Monnoyes, qu'ils facent leurs essais loyaument, sans aucune faueur, amitié ou inimitié à personnes quelsconques, & fidelement les rapporteront aux Gardes de nos Monnoyes, sur les peines contenuës en nos Ordonnances. Lesquels Essayeurs auront à leur profit la moitié des puelles & fin de toute la Monnoye blanche & noire. Et les Gardes l'autre moitié, comme ils ont accoustumé, suiuãt nos Ordonnances. Et auant la deliurãce de l'or monnoyé en escus soleil, prendront pareillement lesdits Essayeurs vn escu soleil de ce qui sera à deliurer, lequel se couppera en quatre parties esgallement: l'vne, renduë au Maistre, vne autre, mise és mains des Gardes, & les deux autres, és mains de l'Essayeur: de l'vne desquelles ledit Essayeur fera son essay requis auant la deliurance: & l'autre, gardera seellee du Maistre & de l'Essayeur: & celle du Maistre, desdicts Gardes & Essayeur: chacune desquelles parties appellée puelle, enclose en papier ou parchemin auquel sera escrit ce que contiendra en quantité & poids la deliurãce dudit or ouuré, l'aloy d'iceluy, & le iour de ladicte deliurance dont chacun des dessusdits Gardes, Essayeur & Maistre, fera en son endroict Registre: celuy des Gardes signé d'eux & desdits Maistre & Essayeur. La fin duquel essay tiré dudit quart d'escu sera rendu aux Maistres à ladite deliurance. Et au regard des trois puelles faisans trois quarts d'escu ainsi departies aux Gardes, Essayeurs & Maistres, ils & chacun d'eux seront tenus les garder iusques à ce que le iugement soit fait des boëttes par lesdits Generaux, pour les representer si besoin en est, & il est par eux ordonné en procedant au iugement. Lequel fait, seront tenus lesdits Gardes & Essayeurs rendre icelles puelles d'or ausdits Maistres, sans en payer aucune chose à iceux Gardes & Essayeurs.

Le semblable s'obserue pour l'essay de toutes autres especes.

Si par le rapport de l'Essayeur il se trouue aucun ouurage large de loy, ledit Essayeur en fera son rapport aux Gardes & Contregardes seulement, sans en rien communiquer au Maistre, iusques à ce que les deniers pour mettre en boëtte separée ayent esté pris & mis en icelle boëtte à part. Aussi s'il se trouue aucuns deniers forts en poids & excedans les remedes, en sera faict boëtte & deliurance à part, & sera le Maistre aduerty qu'il ne luy sera rien compté dudict

Henry 2. 1554.* art. 24.

forſage : afin qu'il donne ordre que ſon ouurage ſoit taillé de ſorte qu'il reuienne dedans les remedes octroyez par les Ordonnances: & que ſes alleages ſoient auſſi faicts dedans leſdits remedes d'iceluy ouurage. Sauf toutesfois audit Maiſtre de reprendre & refondre ſi bon luy ſemble, les ouurages ainſi larges de loy ou forts de poids. Et en ce cas ſeulement, reprendre les deniers deſdits ouurages qui auront eſté mis en boëtte.

Idem art.25. Defendons auſdicts Gardes ſur peine de punition corporelle & autres peines contenus en nos Ordonnances, de ne paſſer en ladicte deliurance, aucuns deniers d'or, argent ou billon & autres, qui ne ſoient des poids, loy & remedes deſſuſdicts, & ſur peine d'amende pecuniaire, ſuſpenſion & priuation de leurs eſtats ſi faire ſe doit : leur defendons de n'en paſſer en ladite deliurance, qui ne ſoient bien ouurez, monnoyez & de bonne rotondité, aſſiette & impreſſion, & que les caracteres & differents y ſoient bien apparens.

Idem art.26. Leſdicts Gardes, Eſſayeurs & Maiſtres, garderont toutes les puelles deſſuſdictes ſeellees, comme dit eſt, iuſques à ce que par mandement exprez da ladicte Cour des Monnoyes, apres le iugement des boëttes de ladite Monnoye faict, il leur ſoit permis de les ouurir. Auquel cas, chacun d'eux rendra audict Maiſtre ce qu'il luy doit rendre, & retiendra à ſon profit ce qui luy eſt ordonné par les anciennes Ordonnances.

Idem art.30 Et afin que le Maiſtre faiſant aucuns ouurages forts de poids ou larges de loy, pour iceux mettre & employer au lieu de ceux qui auront eſté pris pour

pour mettre en boëtte lors de la deliurance, ne soit occasion que le iugement de ses ouurages ne soit fait sur la verité, & nous par ce moyen demeurissions frustrez des foiblages & escharcetez qui nous seroient deuës, voulons & ordonnons que en chacune de nos Monnoyes ayt vn petit coffre fermant à trois clefs differentes, dont le Maistre, l'vn des Gardes, & l'Essayeur, en auront chacun vne. Auquel coffre, les deniers des boëttes seront à chacune deliurance enfermez & clos, sur peine de faux aux vns & autres, là où ils se trouueront qu'ils eussent vsé de conniuence & mauuaise foy.

En fin de chacune année, & dés le dernier iour de Decembre en icelle, lesdits Gardes clorront les boëttes de tout l'ouurage qui aura esté fait en leur Monnoye, durant icelle année, auec lequel ouurage ils mettront le papier ou parchemin original des deliurances qui en auront esté faites, sans le faire copier, & enuoyer ladite copie signée en la fin seulement, ainsi qu'aucuns ont fait cy-deuant: & ce en la presence du Maistre & de tous les Officiers de ladite Monnoye: sans toutesfois permettre qu'autres personnes que lesdits Gardes manient lesdits deniers pour mettre en la boëtte, laquelle à l'instant ils seelleront de leurs seaux & de ceux du Maistre & des autres Officiers de ladite Monnoye. Et garderont ladite boëtte ainsi seellée dedans leur coffre estant au comptoir de l'Hostel de la Monnoye, iusques à ce que ils ayent mandement de ladite Cour des Mõnoyes, pour l'enuoyer ou apporter: auquel mandemẽt ils obeir ensuiuant les anciennes Ordonnances. Idem art. 27

Henry 2. 1549. art. 7. Seront tenus lesdits Officiers de chacune Monnoye de clorre par chacun an le dernier iour de Decembre toutes les boëttes de l'ouurage qui aura esté fait esdites Monnoyes & icelles enuoier en la Chambre des Monnoyes à Paris, par l'vn des Gardes au iour qui leur sera mandé par lesdits Generaux.

TILTRES COMMVNS.

Tiltre commun, pour les Maistres particuliers des Monnoyes, Changeurs, Orféures, Iouailliers, Affineurs, Departeurs, & Batteurs d'or & d'argent.

Tiltre XXI.

Henry 2. 1549. art. 18. FAisons expresses inhibitions & deffences aux Maistres de nos Monnoyes, Changeurs, Orféures, Iouailliers, Affineurs, Departeurs, & Batteurs d'or & d'argent: de n'achepter ou vendre les marc d'or & d'argent, à plus haut prix qu'il est porté par l'Ordonnance, sur peine de confiscation de l'or & l'argent qui aura esté vendu, & de cent liures parisis d'amende pour la premiere fois: & pour la deuxiesme, de semblable confiscation, & d'amende: & outre de bannissement perpetuel de nos Royaumes, pays, terres, & seigneuries.

Henry 3. 1577. art. 2. Le prix du marc d'or fin, est de soixante & quatorze escus: & six escus vn tiers le marc d'argent le Roy.

Et sur mesmes peines & punition corporelle,

enjoignons ausdits Maistres des Mõnoyes, Changeurs, Orféures, Iouailliers, Affineurs, departeurs & Batteurs d'or & d'argent, de tenir bon, entier & loyal Registre: auquel ils escrirõt de leurs mains, toutes les matieres d'or & d'argent qu'ils achepteront & vendront, contenans les poids, loy, & les noms de ceux de qui ils auront achepté: & ausquels ils liureront & vendront ledit or & argent, soit en œuure, masse ou autrement. Et semblablement le prix qu'ils auront achepté ledit or & argent, pour iceluy representer quand il sera ordonné. Henry 2. 1549. art. 19

Es legeres fautes, ils respondront en personne pardeuant les Generaux de nos Monnoyes, sans qu'ils soient contraincts prendre Aduocat ou Procureur. Henry 2. R. 1555.

TILTRE COMMVN.

Pour les Changeurs, Orféures, Iouailliers, Affineurs, Tireurs, & Batteurs d'or & d'argent.

Tiltre XXII.

Les Orféures, Affineurs, Departeurs, Tireurs, Escacheurs & Batteurs d'or & d'argent de nostre ville de Paris, qu'aucunes villes de nos Royaumes, pays, terres & seigneuries de nostre obeyssance, seront reduicts à certain petit nombre tel qu'il sera necessaire pour le bien public & commodité de nos villes. Voulons neantmoins, & entendons, que ceux qui sont à present Maistres desdits mestiers, les exercent leur vie durant, Charles 9. 1571. art. 4

& qu'aucun ne soit d'oresnauant receu, sinon à mesure que lesdits Maistres mourront, apres ladite reduction executée.

Henry 2. 1554. * art. 58.

Les Affineurs, Orféures, Iouailliers, & Batteurs d'or & d'argẽt, ne pourront faire en aucune maniere faict de change, ny achepter pieces d'or, d'argent, ou billon monnoyé, ayant cours ou non par nos Ordonnances : ny aucune maniere d'argent estant au dessous de dix deniers de loy, mais les renuoyeront aux Maistres de nos Monnoyes, ou aux Changeurs pour y estre par eux liurées. Et sur ladite peine de confiscation de corps & de biens : deffendons aux dessusdits, & à toutes autres personnes de ne fondre ny difformer nos Monnoyes ny autres ayans cours par nos Ordonnances, sans permission expresse de Nous, ou de ladite Cour des Monnoyes.

Henry 2. 1554. ** art. 8.

Tous Orféures, Iouailliers, & autres qui vendent ouurages d'or & d'argent, sur peine de mille liures tournois d'amende, & de punition corporelle, & suiuant nos anciennes Ordonnãces, tiendront bons, entiers & loyaux Registres, ausquels ils escriront de leurs mains les matieres d'or & d'argent qu'ils achepteront & vendront, contenant les poids & loy d'iceux, ensemble les noms, surnoms de ceux qui leur auront vendu, & à qui ils reuendront ledit or & argent, soit en masse ou autrement : aussi bailleront bordereaux escrits & signez de leurs mains à ceux qui achepteront d'eux aucune vaisselle, tasses, chaisnes, ou autres ouurages d'or ou d'argent, contenans le prix tant de la matiere que de la façon, & vendront l'or & l'argent à part : selon lesquels bordereaux, feront bonne la loy desdits ouurages au tiltre susdit, là où ceux qui les auront acheptez d'eux les voudroient reuendre : toutesfois ne pourront vendre ne achepter lesdites matieres d'or & d'argent, sinon au mesme prix qu'il sera donné par Nous en nos Monnoyes, & non à plus haut prix, sur peine de confiscation des matieres & ouurages,& de cinquāte liures tournois d'amende pour la premiere fois. Et là où aucun sera trouué rescidiuer,seront pareillement lesdits ouurages & matieres confisquez, les delinquans priuez desdits estats d'orféuerie & iouaillerie: & en outre punis corporellement selon l'exigence des cas.

Des Changeurs.

Tiltre XXIII.

PAr l'aduis de nostre Conseil, auons les estats de Changeurs créez & erigez, créons & erigeons par ces presentes en tiltre d'office formez, pour y estre par nous pourueu cy-apres de personnes capables & qualifiez en telles villes de nosdits Royaumes,pays terres & seigneuries, & en tel nombre limité par chacune ville (excepté Lyon) que par nous sera ordonné apres auoir sur ce preallablement eu l'aduis de nostre Cour des Monnoyes. En laquelle voulons toutes lés prouisions desdits offices que nous en ferons expedier cy-apres, estre verifiées & enregistrées : & les impetrans d'icelles estre receuz esdicts offices, s'ils en sont trouuez dignes & capables. Henry 2. 1555.art.1.

Sçauoir est, en nostre bonne ville de Paris, iusques au nombre de vingt-quatre, qui seront chargez de faict fort chacũ d'iceux pour quatre marcs d'or, & quarante marcs d'argent par chacun an. En nos villes de Roüen, Tholose & Lion, pour chacune ville douze Changeurs, chargez aussi chacun d'iceux pour le faict fort, de quatre marcs d'or, & trente marcs d'argent. En nos villes de Troyes, Dijon, Rheims, Amiens, Caën, Orleans, Blois, Tours, Angers, Rennes, Nantes, la Rochelle, Bordeaux, Limoges, Montpellier, Marseille, Aix, Grenoble & le Puy en Velay, sera mis en chacune d'icelles le nõbre de six Chãgeurs, chargez chacun d'iceux pour le faict fort, de trois marcs d'or & vingt marcs d'argẽt. Et autres bõnes villes où y a Sieges de nos Baillifs, Seneschaux, ou Sieges Presidiaux, Sieges d'Archeuesque, ou Euesque, sera mis en chacune d'iceux pour le faict fort, de deux marcs d'or & vingt marcs d'argent. Et en chacune des autres villes closes & gros bourgs, esquels y a marchez fameux & ordinaires, sera mis deux Changeurs, au faict fort pour chacun de deux marcs d'or, & dix marcs d'argent.

Henry 3. 1580 art. 1.

Idem art. 2.

Tous lesquels Changeurs iusques au nombre susdit en chacune ville, d'oresnauant seront admissibles & hereditaires à leurs enfans & descendans en droicte ligne, pour estre tenus & exercez par celuy desdits enfans que le pere aura nommé. Et où quelqu'vns desdits Changeurs decederont sans enfans legitimes, que leurs veufues en iouyront durant leur viduité, aux charges du faict fort, selon les taxes cy-dessus specifiées.

Duquel faict fort dont chacun desdits Changeurs sera chargé, au cas qu'ils ne pourront liurer par chacun an en nos Monnoyes, le nombre total des marcs d'or & d'argent specifié, l'or portant l'argent & l'argent portant l'or : ils seront quittes & deschargez de ce qu'ils faudront à liurer, en payant nostre droict de seigneuriage seulement, tel que le prendrons sur la fabrication des especes d'or & d'argent, que nous faisons de present forger en nos Monnoyes. Henry 3. 1580. ** art. 3.

A la charge que les impetrans desdits offices apres leur serment ainsi receu, & auparauant que s'entremettre à l'exercice d'iceux offices, seront tenus de presenter & faire enregistrer leurs lettres de prouision en la plus prochaine Monnoye de leurs demeurances respectiuement. Henry 3. 1580. * art. 5.

Suiuant nos anciennes Ordonnances, defendons à tous de faire & exercer estat de Changeur ny faict de change de Monnoye, sans lettres de nous, addressantes aux Generaux de nos Monnoyes, & par eux verifiées, sur peine d'amende arbitraire : Et aux Generaux de nos Monnoyes, de ne les y receuoir, s'ils ne sont gens de bien par commune renommée, sçauans & experimentez, auec faculté de biens, pour faire & exercer lesdits estats de Changeurs: permettant neantmoins ausdits Generaux, que si en voyageant par nostre Royaume, païs & seigneuries de nostre obeïssance pour le faict de leurs charges, ils trouuent aucuns lieux en auoir besoin, qu'ils y en puissent commettre des qualitez dessusdites pour vn an, par maniere de prouision, comme il est accoustumé cy-deuant, pendant lequel temps d'vn an, lesdits François 1. 1540. art. 19.

Changeurs commis, se pourront retirer deuers nous, & de ce obtenir lettres en tel cas requises.

Idem art. 20 Et sur mesmes peines & de punition corporelle, ordonnons ausdits Changeurs ainsi proposez & receuz esdits estats, qu'ils ayent à exercer leur faict de change en rues & lieux publics à la veüe d'vn chacun, & qu'en lieu eminent de leur ouuroüer, ils tiennent vn tableau, où soit escrit le salaire qu'ils deuront auoir, tant pour chacune piece de Monnoye d'or & d'argent, que du marc d'icelles, selon l'estat, adualuation, & supputation qui en sera faite par lesdits Generaux, enregistrée au Greffe desdits Generaux : laquelle aualuation sera pour plus ample cognoissance, adjoustée en la fin de l'impression de ces presentes.

Item, que sur le Tablier & Bureau, ils & chacun d'eux ayent cizeaux exprés y fichez & attachez, & que d'iceux ainsi qu'ils auront receu & Idem art. 21 changé aucune piece d'or, d'argent, Monnoye blanche ou noire, en laquelle y ayt escharcetté d'aloy, foiblage de poids, ou tous les deux ensemble, ils les couppent & cizaillent en presence des personnes ausquelles ils en auront baillé le change : Et neantmoins facent sur l'heure registre par chapitres exprés & separez, des especes d'or & d'argent, Monnoye blanche & noire, qu'ils auront receüe & cizaillee pour billon : lequel billon, lesdits Changeurs seront tenus porter ou enuoyer au Maistre de la Monnoye du lieu prochain de leur demeurance, de mois en mois, ou plustost si faire se peut, dont ils feront Registre : comme aussi feront de leur part lesdits Maistres particuliers & Contregardes, pour en estre feict payement à tour de papier ausdits Changeurs & Marchands qui les leur apporteront. Et si lesdits Changeurs n'auoient puissance d'attendre leurs deniers à tour de papier, ils pourront vendre ledit billon, ainsi cizaillé à autre Changeur, qui se chargera de le porter à ladite Monnoye ouurant, dont lesdits Changeurs feront chacun en son endroict Registre.

S'il se trouue és maisons desdits Changeurs, aucunes especes d'or ou d'argent monnoyez, de celles qui doiuent auoir cours par Ordonnance, esquelles y ayt escharceté d'aloy, ou foiblage de poids, ou bien autres especes tant d'or que d'argent monnoyez, non ayans cours par ceste Ordonnance, qui ne soient cizaillez appertement pour billon, nous les declarons dés maintenant comme pour lors à nous confisquez, & si l'amenderont lesdits Changeurs enuers nous: soit qu'ils vousissent dire les auoir en garde, gage, depost ou autrement, si ce n'estoit par authorité de Iustice, & qu'il en apparoisse suffisamment: aussi n'auront lesdits Changeurs en leurs maisons ny ailleurs, aucuns fourneaux à faire fonte ny essais quelconques. Idem art. 22

Lesquels Changeurs & autres personnes qui se meslent de changer seront tenus incontinent qu'ils auront achepté l'espece d'or ou d'argent leger, cassé ou fondu, la cizailler en la presence du vendeur, ou porteur des especes, sans qu'ils la puissent remettre ou aloüer sur peine de la hart. Charles 9. 1560. art 148.

Il est deffendu ausdits Changeurs, de vendre aucun billon & matiere d'or ny d'argent aux Orfévres, Iouailliers, ou autres, qu'aux Maistres par- Fran. 1. 1540 art. 24.

ticuliers de nos Monnoyes, ou à autre Changeur pour le porter, ainsi que dit est, sur peine de confication dudit billon & matiere. Aussi qu'iceux Changeurs n'ayent aucune association, ny participation de change, marchandise ny autrement, auec les Orféures & Iouailliers, ny aucuns de nos officiers desdites Monnoyes, sur peine d'amende arbitraire.

Idem, art. 25

Il est ordonné ausdits Changeurs, qu'ils ayent bonnes & iustes balances, sans aucun remede sur le foible : mais sur le fort remede, c'est à sçauoir: en vn poids de vingt-cinq marcs iusques à vn estelin & demy de force : & des marcs en pille, en la piece pesant huict marcs, de remede de force, iusques à trois felins : en la piece pesant quatre marcs, de force iusques à demy estelin : en la piece pesant deux marcs, iusques à vn felin : en la piece pesant vn marc, demy felin : & en la piece pesant quatre onces iusques à vn demy quart de felin : & au demeurant des petites pieces pesans ensemble quatre onces iusqu'à demy felin : sans quelconque autre remede. Et si aucun Changeur est trouué saisi d'autre poids, il sera confisqué, & l'amendera enuers nous, sans quelconque excusation de les auoir en garde, gage, ou autrement.

Henry 2. 1555.* art. 2.

Lesdits Changeurs pourront faire & exercer le faict de Banque és lieux où ils seront establis, ainsi qu'ont accoustumé faire les autres Banquiers estrangers, residens en nos villes de Paris, Lyon, & autres bonnes villes de nostre Royaume.

Lesdits Changeurs pourront prester argent à

change ou interest, soit sur gages ou par obligations & cedules, à toutes personnes qui en auront besoin. Henry 3. 1580 * art. 3.

Lesquels Changeurs qui presteront argent suiuant nostredict Edict, ne pourront prendre plus grand profit, qu'à la raison des Ordonnances, faictes sur la constitution des rentes faites à prix d'argent en chacune prouince de nostredit Royaume. Henry 3. 1580. ** art. 1.

Et neantmoins que ceux desdicts Changeurs qui ne voudront vser dudit faict de Banque, & prest d'argent, n'y pourront estre contraincts. Et ceux à qui bon semblera d'en vser, ne pourront transporter ou faire transporter hors nostredit Royaume, aucun or ny argent en masse, ou especes des coings estrangers contre la prohibition de nos Ordonnances. Idem art. 2.

Des Orféures.

Tiltre XXIIII.

A Ce que au mestier d'Orféuerie ne soient commis aucuns abus ou maluersations, au moins que s'il y en a de commis, ils viennent incontinent à cognoissance, auons statué & ordonné, statuons & ordonnons, que ledict estat d'Orfeuerie, sera iuré en tous les lieux & villes de nostredit Royaume. François 1. 1543. art. 5.

Nul ne pourra exercer ledit mestier d'Orféuerie, sinon és villes esquelles y aura Parlement, Siege des Iuges Presidiaux, de nos Bailliages & Seneschaussées, Archeuesché, Euesché, ou autre Henry 2. 1554. art. 1.

bonne ville & cité, de nosdits pays, terres, & seigneuries de nostre obeyssance : ainsi & en tel nombre pour chacune ville qu'ils seront establis: à sçauoir, à Paris, par nos amez & feaux Conseillers les Presidens & Generaux tenãs nostre Cour des Monnoyes : & aux autres villes, par lesdicts Iuges Presidiaux, nos Aduocat & Procureur esdits Bailliages & Seneschaussées respectiuement appellez : pardeuant lesquels Iuges, seront tenus lesdicts Maistres Orféures de iurer, qu'ils obseruerunt tous & chacuns les articles & reglemens contenus en iceluy nostre present Edict, selon sa forme & teneur de poinct en poinct, & sur les peines y contenuës.

Outre lequel nombre, s'en pourront créer & eslire six par chacun an en la ville de Paris, entre lesquels seront preferez les enfans des Maistres, estant de la qualité requise : & aucun ne sera receu & passé Maistre dudit mestier, par Lettres de don de Roy ou naissance des enfans de France: & aussi ne pourra exercer ledict mestier & tenir boutique, s'il n'est passé & receu Maistre, & ayt fait chef-d'œuure en la maniere accoustumée, soit qu'il demeure dans l'enclos du Palais, ou autre lieu de franchise.

Henry 2.R. 1555.

Et pour reduire le grand & excessif nombre d'Orféures qui sont de presẽt, tant en nostre ville de Paris qu'ailleurs, & soit reduit & restrainct à certain nombre par la forme & maniere que dit est cy-dessus : ordonnons qu'à mesure qu'ils viendront à faillir par mort ou autrement, succederont les apprentifs qui auront fait leur temps, & auront esté examinez & trouuez suffisans, &

Henry 2. 1554. ** art.3.

iugez plus idoines & capables pour exercer ledit estat.

Ne pourront lesdicts Orféures auoir qu'vn apprentif estranger,& vn de leur lignage,& n'en pourront reprendre d'autres estrangers si le premier n'a faict la moitié de son temps d'apprentissage. Charles R. 1378.

Pour plus facilement executer la reduction des Orféures à certain nombre, la Cour des Monnoyes a ordonné que chacun Orféure ne pourra auoir plus d'vn apprentif, soit de son lignage, ou estranger.

Aucun ne pourra estre receu audit mestier, sinon qu'il ayt seruy vn Maistre par l'espace de huict ans pour le moins, duquel temps il ne se pourra rachepter. Henry 2. 1554. art. 2.

Pour ce que plusieurs apprentifs Orféures non estrangers, n'ayans esgard à l'obligation de seruice qu'ils doiuent faire à leurs Maistres,quãd bon leur semble, ou qu'ils sentent qu'ils pourront faire leur profit, de ce qu'ils peuuent auoir appris & compris au mestier, s'enfuient & delaissent le plus souuent leursdits Maistres, ne voulans paracheuer le temps de leur apprentissage: ordonnons que tous Maistres Orféures des villes de nostre Royaume où ledict mestier d'Orféuerie est & sera Iuré,seront d'oresnauant tenus en prenant apprentifs esdictes villes,iceux faire obliger pardeuant Notaires ou Tabellions, de les seruir durant le temps de huict ans entiers, sans discontinuation dudit seruice. Et les lettres de ladite Francois 1 R 1543. art. 3.

obligation, seront tenus lesdits Maistres dedans le iour qu'elles seront passées, ou dedans trois iours apres pour le plus tard, mettre és mains des Iurez dudit mestier des villes ou ils seront demeurans, pour estre enregistrées par lesdits Iurez. Et s'il aduient que lesdits apprentifs s'enfuient ou delaissent le seruice de leursdits Maistres, seront tenus rapporter lesdites lettres de leurs apprentifs, & icelles remettre és mains desdits Iurez, & leur declarer le iour que leursdits apprentifs s'en seront fuis, pour en estre fait bon & loyal registre, & ce fait, pourront lesdicts Maistres Orféures se pouruoir d'autres apprentifs au lieu des fugitifs si bon leur semble.

Idem.art. 4. Et pour ce que lesdits apprentifs fugitifs pourroient quelquefois retourner pour seruir & paracheuer le temps qu'il restoit lors de leur fuite de leur apprẽtissage: ordõnons que si lesdits apprentifs retournent vers leursdits Maistres, & seront tenus entierement de seruir leursdits Maistres, ou autres Maistres en ladite ville, pour le tẽps qu'il restoit lors de ladite fuite. Et ne seront lesdits apprentifs receus à chef d'œuure comme estrangers, s'ils n'ont entierement seruy le temps desdits huict ans, & ils ne se pourront rachepter de leursdits Maistres, sur peine d'amẽde arbitraire à nous à appliquer tant de la part du Maistre que de l'apprentif.

Henry 2. 1584.** art. 2. Les apprentifs ne seront receus au serment de Maistre audit mestier, s'ils ne sçauent lire & escrire, & entendent les alleages tant d'or que d'argent, sur lesquels ils seront interrogez par les Generaux de nostredite Cour des Monnoyes, ou par aucun d'eux faisans leurs cheuauchées: & en leur absence par le Preuost de la plus prochaine Mõnoye, s'il en y a esté par nous pourueu, & au defaut d'iceluy par les Gardes.

Ceux qui se presenteront pour estre receus Maistres, seront examinez par les six Gardes, & apres auoir veu leurs lettres d'apprentissage, & qu'ils sçauront lire & escrire (au cas qu'il n'y ait cause de quelque tremblement) leur feront faire chef d'œuure, & les presenteront à la Cour des Monnoyes, en laquelle ils seront de nouueau examinez auant qu'estre receus: & seront leurs poinçons desquels ils s'entendront ayder à l'aduenir, marquez auec les autres: & ne pourront les transporter, si ce n'est pour besongner en leurs maisons, & dont ils seront responsables. Henry 2. R. 1555.

Defendons tresexpressement ausdits Generaux des Monnoyes, de ne receuoir aucun apprentif au serment de Maistre Orféure, qu'il n'ait esté par eux prealablement examiné sur la bonté & experience tant d'or que d'argent, sur les alleages d'iceux, & autres choses contenues és Ordonnances dudit mestier. Et qu'iceux apprentifs ayent esté par eux trouuez suffisans & capables, & des qualitez requises par lesdites Ordonnances. Henry 2.* 1549. art. 16.

Tous Orféures auant que d'estre receus bailleront caution: à sçauoir, ceux de nostredite ville de Paris de vingt marcs d'argent en nostredite Cour des Monnoyes: & ceux des autres de dix marcs és mains du premier General de ladite Cour qui se trouuera sur les lieux faisans la cheuauchée, ou bien pardeuãt le Preuost, ou en son defaut pardeuant les Gardes de la plus prochaine Monnoye. Henry 2.* 1554. art. 5.

Charles 9. R.1550.

Besongneront en leurs ouurages suiuant l'ordonnance de deffunct nostre tres-honoré Seigneur & pere le Roy Henry II. qui Dieu absolue, faite à Fontaine-belleau au mois de Mars 1554. & garderont les Reglemens contenus en icelle.

Henry 2. 1554.** art.7.

Ordonnons que tous lesdits Orféures en quelque lieu qu'ils soient establis, fassent & dressent en telle sorte l'aloy de leurs ouurages tant d'or que d'argent, soit grossierie ou menuserie, que l'or se trouue à vingt-deux carats, à vn quart de quara de remede : & l'argent à onze deniers douze grains fin à deux grains de remede dudit argent, sur peine à ceux qui faudront d'vn huictiesme de carat & de deux grains d'argent pour chacune fois qu'ils faudront de confiscation de l'ouurage, & de cinquante liures d'amende: & à ceux qui faudront de plus que dessus est dict, de confiscation dudit ouurage, priuation à iamais de leur estat, & outre de punition arbitraire selon l exigence du cas. Enioignons tres-expressement à tous Gardes & Iurez d'orféuerie, de ne laisser passer aucun ouurage d'or ou d'argent, s'il n'est de la loy dessusdite, sur peine de punition corporel- & amende arbitraire.

François 1. 1543. art.1.

Et outre auons permis ausdits Orféures pouuoir besongner à tous tiltres au dessus de vingt-deux carats pour ceux qui leur liureront l'or duquel ils voudront leur ouurage estre fait : parquoy ils auront les remedes dessusdits en grosserie & menuserie. Et neantmoins les personnes qui leur commanderont lesdits ouurages seront tenus leur fournir l'or pour faire lesdits ouerrges,

& non

& non en aucune Monnoye d'or ayant cours par ordõnance, pour icelle diformée estre employée esdits ouurages. Et ne pourront vendre ledit ouurage à autre que ceux qui leur auront commandé: & s'ils le reuendent, lesdits Orféures ne le pourrons reuendre, mais seront tenus le rompre & casser. Et pour cognoistre la loy desdits ouurages, ordonnons que l'essay s'en fera à la touche: & s'il se trouue aucun diferent, ledit essay se pourra faire à l'eauë forte.

Lesdits Orféures marquerons de leurs poinçons tous les ouurages qu'ils feront, tant d'or que d'argent, & qui bonnement se pourront marquer: & porteront leursdits poinçons, sçauoir est: ceux de nostre ville de Paris & des autres villes qui sont dans les fins & limites de la Monnoye de Paris, en nostredite Cour des Monnoyes, pour estre frappez en la table de cuiure estant en ladite Cour, ainsi que de tous temps les Orféures de nostre ville de Paris & de Chartres on faict. Et ceux qui sont hors les limites de ladite Monnoye, porteront leursdits poinçons és monnoyes plus prochaines desdits Bailliages & Seneschaussées, pour y estre semblablement frappez par les Preuosts: & en leur defaut par les Gardes desdites Monnoyes, en la table de cuiure qui sera sur ce ordonnée: de laquelle lesdits Preuosts ou en leur defaut, lesdits Gardes seront chargez & la representeront en nostredite Cour des Monnoyes, ou au General faisant la cheuauchée toutesfois que requis en seront. Idem art. 4.

N'achepteront, fondront ne diformeront aucune espece d'or ou d'argent ayans cours ou des- Henr. 2. 1549. art. 31.

criées pour employer en leurs ouurages ſur peine de confiſcation de corps & de biens.

Henry 2. 1554. ** art. 8.

Tiendront bons, entiers & loyaux Regiſtres, auſquels ils eſcriront de leurs mains les matieres d'or & d'argent qu'ils achepteront & vendront, contenant les poids & loy d'iceux : enſemble les noms de ceux qui leur auront vendu, & à qui ils vendront ledit or & argent, ſoit en œuure, maſſe ou autrement: auſſi bailleront bordereaux eſcrits & ſignez de leurs mains, à ceux qui achepteront d'eux aucune vaiſſelle, taſſes, chaiſnes, ou autres ouurages d'or ou d'argent, contenant le prix tant de la matiere que de la façon : & vendront l'or & l'argent à part: ſelon leſquels bordereaux feront bonne la loy deſdits ouurages au tiltre ſuſdit, là où ceux qui les auroient acheptez d'eux les voudroient reuendre : toutesfois leſdits Orféures ne pourront vendre ne achepter leſdites matieres d'or & d'argent, ſinon au meſme prix qui ſera ordonné par nous en nos Monnoyes & non à plus haut prix, ſur peine de confiſcation deſdites matieres & ouurages, & de cinquante liures tournois d'amende pour la premiere fois. Et là où aucun ſe trouue reſcidiuer, ſeront pareillement leſdits ouurages & matieres confiſquez, les delinquans priuez dudit eſtat d'Orféuerie, & en outre punis corporellement ſelon l'exigence du cas.

Henry 3. 1571. ar. 33.

Et d'autant que le ſurhauſſement des marcs d'or & d'argent prouient des Orféures qui ont moyen de ſurachepter à cauſe qu'ils vendent leurs façons à diſcretion, ſur leſquelles ils ſe sauuent dudit ſurachapt. La Cour des Monnoyes deputera tel nombre de leur compagnie qu'elle aduisera, pour mettre prix & taux ausdites façons, ouïs & appellez les Iurez & Gardes dudit mestier. Deffendant tres-expressément à tous les Orféures de ce Royaume, de faire d'icy à deux ans aucune vaisselle ou ouurage d'or, excedant quatre onces, ny aucune vaisselle d'argent, excedant deux marcs.

Lesdits Orféures ne mettront sous amatistes ou grenail qu'ils mettent en œuure qu'vne fueille d'argent seulement, sans mettre vne fueille vermeille ou d'autre couleur, & sans teindre les amatistes ne quelcõques autres pierres pour le contrefaire autres qu'elles ne sont de nature. Et leur defendons tres-expressément de ne mettre en œuure aucunes pierres fausses sur peine de punition corporelle & amende arbitraire comme au cas appartiendra. Henry 2. 1554. art. 9.

Et pour ce que chacun ne peut pas auoir cognoissance de la vraye valeur de l'or applicqué esdits ouurages d'orféuerie & iouaillerie, aussi qu'on y peut vser d'esmail obscur, qui donne poids & se pert. Auons inhibé & defendu à tous Orféures, Iouailliers & autres qu'il appartiẽdra, qu'en tels ouurages ils n'vsent d'oresnauant que d'esmail clair sur peine de confiscation desdits ouurages : & s'ils en ont de present qui ne soient desdits tiltres, ou qu'il y ayt esmail obscur, ils les facent dans quinze iours apres la publication de ces presentes marquer en lieu eminent par celuy ou ceux qui ont la charge de contre-marquer ces orféueries, à ce qu'on puisse cognoistre & discerner cy-apres l'ouurage ja fait desdites orféueries & iouailleries lors de ladite publication ; pour Franc. 2. 1540. art. 27

estre vendu auec ladite marque & non autremẽt, & lesdits quinze iours passez, est deffendu de plus contre-marquer.

Henry 2. 1554. ** art.10. Seront responsables en leurs noms de tous les ouurages qu'ils vendront, soit qu'ils ayent esté faits par eux ou par autres Maistres s'il s'y trouue faute. Et tiendront leurs boutiques en lieux publics & apparens, sur le deuant desquels & à la veuë de tout le monde ils auront leurs fourneaux, & non és arrieres boutiques, chambres secrettes ou autres lieux. Aussi ne pourront affiner leurs laueures sans congé desdits Generaux ou aucuns d'eux faisant la cheuauchee, ou bien desdits Preuosts, & en leur defaut des Gardes desdites Monnoyes, ausquels ils declareront la quantité & qualité des matieres qu'ils voudront affiner.

Item art.11. N'auront aucune association ny participation de faict de change par marchandise ne autrement auec les Changeurs, n'aucuns Maistres de nos Monnoyes, & ne pourront achepter aucune matiere d'argent, soit de billon ou autre, estant au dessous d'onze deniers dix grains. Le tout sur peine d'estre punis comme billonneurs, rongneurs, & difformateurs de nos Monnoyes. Et leur enioignons d'auoir & tenir bonnes balances, & poids de marc iustes & raisonnables, estalonnez, c'est à sçauoir ceux de Paris en nostredite Cour des Mõnoyes, & ceux des autres villes, aux plus prochaines Monnoyes de leurs demeurances, aux remedes sur le fort & foible contenus en nostre Ordonnance.

Charles 9. 1571. Auront en lieu eminent de leur boutique, vn tableau, contenant les valleurs des marcs d'or à vingt-deux carats, & argent le Roy, auec les diminutions par onces, gros, deniers, estelins, felins, & grains.

Ne pourront ouurer en chambre secrette, & n'auront poinçons s'ils ne sont resseans, ny ne trauailleront de nuit en ouurage d'orfeuerie. Charles 9. 1578.

Aussi faisons inhibitions & defences à tous maistres Orféures, leurs apprentifs, & à toutes autres personnes, de ne resouder ou recharger aucune espece de Monnoye tant d'or, d'argent que billon, soit du coing de France ou autre, sur peine de punition corporelle & amende arbitraire selon l'exigence du cas. François 1. 543. art. 6.

Des Gardes du mestier d'Orfeuerie.

Tiltre XXV.

EN la ville de Paris, eslection se fera par chacun an de six Gardes du mestier d'Orfeuerie en la maniere accoustumée, qui feront le serment en la Cour des Monnoyes. Henry 2. R. 1555.

Les Maistres Iurez Gardes du mestier d'Orfeuerie de ladite ville de Paris, feront leurs visitations en la maniere accoustumée : & d'icelles feront leurs rapports pardeuant lesdits Generaux de nos Monnoyes à Paris, sur ce qu'ils auront trouué, tant contre les Orfeures, Iouailliers, Merciers, Lapidaires, qu'autres : pour en estre fait iugement & y estre pourueu par lesdits Generaux comme de raison. Et quant à ceux des autres villes, feront leurs rapports pardeuant les Iuges ordinaires, en la presence des Gardes des Mon- Henry 2. 1549. art. 19.

noyes des lieux où il y a Monnoye.

Henry 2. 1554. ** art. 6.

En chacune ville ou y aura Orfeures, y aura vn Hostel du mestier d'Orfeuerie ou seront apportez les ouurages des Orfeures pour estre essayez, & sera tenu bon & entier registre de tous les ouurages qui y seront essayez, contenant le prix, l'aloy, la qualité de l'ouurage, le nom de celuy sur lequel il sera essayé, & le nom des Iurez qui auront fait l'essay : pour iceluy registre representer toutesfois & quantes qu'il sera ordonné par nostredite Cour, ou aucun deputé d'icelle.

Louys 12. 1506.

Auront vn contre-poinçon, pour marquer les ouurages des Orfeures apres en auoir fait essay, & auant la brunissure & deliurãce : & apres qu'ils seront marquez du poinçon de l'Orféure particulier : & ainsi que les Iurez changeront, ils changeront aussi de poinçon, afin que chacun responde de l'ouurage de son temps, & seront lesdits poinçons & contrepoinçons enregistrez au Greffe de la Chambre des Monnoyes, & emprainčts en la Table de cuiure quant à ceux de Paris.

Henry 2. 1554. ** art. 6.

Tous les Orféures de chacun Bailliage & Seneschaussee horsmis ceux de nostre ville de Paris, qui se gouuerneront selon la mode ancienne. S'assembleront de deux ans en deux ans en la plus prochaine Monnoye dudict Bailliage ou Seneschaussée, à tel iour qu'il sera ordonné, pour eslire deux d'entr'eux, qui seront Gardes dudit mestier. Et feront le serment à ce requis, pardeuant les Baillifs, Seneschaux ou leurs Lieutenans, en attendant qu'aucun General se trouuera sur les lieux faisant ses cheuauchées pour en prendre les noms, & en faire son rapport en nostredite Cour.

En laquelle nous voulons les noms, & surnoms de tous les Orféures de nosdits Royaume, pays, terre & seigneuries, estre enregistrez. Lesquels Gardes & Iurez dudit mestier, visiteront tous les ouurages desdits Orféures particulierement. Et de ce feront leurs procez verbaux & rapports pardeuāt le General qui se trouuera sur les lieux, ou le Preuost de ladite Monnoye, & en son defaut pardeuant les Gardes d'icelle, pour estre par eux procedé à la punition de ceux qui auront contreuenu aux Ordonnances dudit mestier. Et quant aux Gardes dudit mestier à Paris, Chartres & autres villes estans du ressort de ladite Monnoye de Paris, ils feront le serment en nostredite Cour des Monnoyes, nonobstant la coustume iusques icy obseruée de faire le serment és mains de nostre Procureur au Chastellet de Paris & quelconques lettres par nous sur ce données, lesquelles nous auons quant à ce reuoquées & reuoquons par ces presentes, nonobstant oppositions ou appellations quelconques faicts ou à faire, & sans prejudice d'icelles. Feront en outre lesdits Iurez leurs visitations à la mode accoustumée, & desquelles feront suiuant nos Ordonnances, bons & loyaux procez verbaux, & iceux presenteront en nostredite Cour des Monnoyes, pour en estre ordonné comme de raison.

Des Iouailliers, Merciers, & autres qui s'entremettent de vendre ouurages d'Orfeuerie.

Tiltre XXVI.

TOus Iouailliers, merciers de Iouaillerie & autres personnes, de quelque estat, qualité François 1. 1543. art. 5.

ou condition qu'ils soient, ne pourront sur-achepter l'or ny l'argent, & donner du marc d'iceux que le prix dernierement mis par nos Ordonnances, & ce, sur peine de confiscation de la matiere sur-acheptée, à quelque prix ou valeur qu'elle puisse monter, & autres peines contenuës en nostredite Ordonnance.

Idem art. 6. Nul Mercier, Iouaillier, ny autre non estant Orféure, ne pourra vendre orfeuerie, sinon qu'il l'aye fait faire par les Maistres Orféures de nostredit Royaume, & qu'il cognoisse ce qu'il vend & achepte, & de ce qu'ils vendront, ils en seront responsables en leurs noms, sur peine d'amende arbitraire.

Henry 2. R. 1555. Pour le regard des fautes occultes qui ne se pourront cognoistre à l'œil ny à la touche, auront recours, pourueu que l'ouurage n'ayt esté fait en chambre, & seront examinez sur la touche en la Cour des Monnoyes, dont sera fait Registre.

Henry 2. 1545. ** art. 12. Defendons à tous Iouailliers, Merciers, & autres qui s'entremettent de vendre vaisselle, ceintures, bagues, & autres ioyaux d'or & d'argét, de vendre ny exposer en vente, ou tenir en leurs possessions aucuns ouurages d'or & d'argent, qui ne soient de la loy sur ce ordonnée, sur peine de confiscation de leur marchandise, & de cent liures tournois d'amende chacune fois qu'ils faudront, nonobstant quelconques priuileges, libertez, & coustumes pretenduës par quelconques pays, villes & lieux de nostre obeyssance, lesquels nous auons reuoquez & reuoquons par ces presentes, pour le regard du contenu en ce present Edict seulement.

Et afin que ladite Ordonnance soit mieux gardée, nous enjoignons aux Maistres Iurez dudict mestier d'orfeuerie, iceux visiter comme les autres Orféures, & en faire leur rapport pardeuant ceux, & ainsi qu'il est cy-deuant declaré. Idem art.19.

Seront responsables en leurs noms de tous les ouurages qu'ils vẽdront, soit qu'ils ayent esté faits par les Maistres Orféures, s'il s'y trouue faute: & tiendront leurs boutiques en lieux publics & apparens, & à la veuë de tout le monde. Idem art.10

N'auront aucune association ne participation de faict de change par marchandise ne autremẽt auec les Changeurs, n'aucuns Maistres de nos Monnoyes. Et ne pourront achepter aucune matiere d'argẽt, soit billon ou autre, estant au dessouz d'onze deniers dix grains, le tout sur peine d'estre punis comme billonneurs, rongneurs, & difformateurs de nos Monnoyes. Et leur enjoignons d'auoir & tenir bonnes balances & poids de marc iustes & raisonnables, estalonnez: c'est à sçauoir, ceux de Paris en nostredite Cour des Monnoyes, & ceux des autres villes aux plus prochaines Monnoyes de leurs demeurances, aux remedes sur le fort & foible cõtenu en nostre Ordonnance. Idem art. 11

Des Affineurs & Departeurs d'or & d'argent.

Tiltre XXVII.

SEra faite reduction des Affineurs & Departeurs tout ainsi & en la forme des Orféures. Henry 2. 1554. art. 18.

Ordonnons que nul ne puisse exercer ledit mestier, sinon és villes esquelles y aura Monnoye, & à la charge que ceux qui voudront exercer ledict mestier, ayãs au prealable fait leur chef-d'œuure, Idem art. 14

seront tenus prester le serment requis en nostredite Cour des Monnoyes ou pardeuant le General qui se trouuerra sur les lieux: & en son absence, pardeuant les Preuosts ou Gardes des Mõnoyes.

Idem art.15. Lesdits Affineurs & departeurs n'achepterõt, fondront, n'affineront, ne departiront aucune matiere de billon, estant au dessous de dix deniers de loy. Et aussi ne fondront, affineront, ne departiront aucuns ioyaux d'Eglise ne vaisselle, armoyée portant façon, ny laueure d'orfeure, sans congé desdits Generaux ou l'vn d'eux: ou bien des Preuosts ou Gardes comme dit est: sur peine d'estre punis comme receleurs & sacrileges.

Henry 2. 1554.* Pour donner lequel congé lesdicts Generaux ne prendront aucun salaire.

Henry 2. 1554.** art.16. Et generalement n'affineront aucune matiere d'argent, si elle n'est à dix deniers de loy & au dessus, sinon qu'elle fust d'oree, ou qu'elle tint or suffisamment pour estre departie. Et chasseront les cendrées de l'argent qu'ils affineront, ensemble les laueures des Orféures, tant & si auãt, que l'argent qui en reuiendra, soit à onze deniers dixhuict grains fin pour le moins. Et signeront lesdites cendrées de leurs poinçons, afin que si lesdites cendrées ne se trouuent de ladite loy, ils soient tenus les faire bonnes à leurs propres cousts & despens, & condamnez en l'amende selon le cas.

Idem art. 17 Lesdits Affineurs & Departeurs seront tenus de liurer en la Monnoye tout l'or & l'argent qu'ils departiront ou affineront, sans le vendre directement ou indirectement aux Orfeures aux autres personnes de quelque qualité qu'elles soient, ne transporter ailleurs, sinon aux Changeurs qui leur auront liuré les matieres. Lesquels pareillement seront tenus les porter en ladite Monnoye. Et tiendront registre, tout ainsi que doiuent faire lesdits Orféures, contenans les noms & surnoms de ceux qui leur bailleront à besongner, le iour, le temps, la matiere, le poids, l'essay, & le compte de ce qu'il leur sera baillé : ensemble tout l'or & l'argent qu'ils liureront és Monnoyes ou aux Changeurs, pour iceluy representer toutes & quantesfois qu'il sera ordonné, sur peine de punition corporelle & amende arbitraire.

Ils ne pourront faire en aucune maniere faict de change ny achepter piece d'or, argent, ou billon, Monnoye ayans cours ou non par nos Ordonnances. Henry 2. 1554.** art. 58.

N'affineront aucunes desdites especes & matieres pour quelques personnes que ce soient. Idem art. 59

Ne pourront fondre n'affiner ailleurs qu'és Hostels des Monnoyes.

N'entreprendront sur les estats des Orféures & Iouailliers pour achepter ou vendre aucuns ouurages d'Orfeuerie, sur peine de confiscation desdits ouurages, & de cét liures parisis d'amēde. Charles 9. R. 1577.

Titre commun pour les Batteurs & Tireurs d'or & d'argent.

Tiltre XXVIII.

SVivant les anciennes Ordonnances, defendons à tous Orbateurs, tireurs d'or & d'argēt, de ne fondre ou faire fondre & ouurer en leur mestier aucunes Monnoyes d'or ou d'argent ayās cours en nostre Royaume, & aussi de n'employer en leursdits mestiers aucunes matieres d'or ou Henry 2. 1554.** art. 18.

d'argent, sinon iusques à certaine quantité qui leur sera ordonnée par nostredite Cour des Monnoies ou aucuns des Generaux deputez par icelle faisant les cheuauchées, à prendre par chacune sepmaine, ou par autre terme conuenable, dont il sera fait Registre : Et là où ils feront le contraire, sera ledit ouurage confisqué. Et outre seront punis de punition corporelle & d'amende arbitraire selon le cas.

Henry 2. 1554. ** art.60

Et pour ce qu'il est cy-dessus prohibé aux Batteurs & Tireurs d'or & d'argent, de ne difformer nos Monnoyes d'or & d'argent, ou autres ayans cours par nos Ordonnances, & qu'il n'est possible qu'ils exercẽt leur manufacture sans y employer de l'or fin. Voulans à ce pouruoir, ordonnons que lesdits Batteurs & Tireurs d'or & d'argent estans en la ville de Paris, prendront permission pour fondre des pieces d'or fin, de ladite Cour des Monnoyes : & ceux des autres villes, des Gardes de nos prochaines Monnoyes : ausquels Generaux & Gardes, mandons tenir la main, qu'il en soit fondu le moins qu'il sera possible : & ausdits Batteurs & Tireurs, de tenir bon Registre de tous les achets & fontes qu'ils feront.

Henry 2. 1554. ** art.19.

Lesquels Orbateurs & tireurs d'or & d'argent, tant de nostre ville de Paris, Roüen, Lyon, que des autres de nostre Royaume, païs, terres & seigneuries, feront le serment pour ce requis en nostredite Cour des Monnoyes, ou pardeuãt le premier desdits Generaux faisant ses cheuauchées, & en son absence pardeuant le Preuost ou les Gardes establis en la plus prochaine Monnoye, comme dit est. Et seront visitez par lesdits Generaux, Preuosts, ou Gardes, comme les Orféures de nostredit Royaume, pour cognoistre des abus qu'ils pourroient commettre en leurs estats, dont ils seront punis suiuant nos Ordonnances. Et seront leurs noms & surnoms enregistrez en nostredite Cour, ainsi que ceux desdits Orféures.

Des Batteurs d'or & d'argent en fueille.
Tiltre XXIX.

LEs Maistres Batteurs d'or & d'argent le lendemain de la feste S. Eloy en Iuin, esliront vn d'entr'eux nouueau Garde Iuré du mestier auec vn des anciens Gardes, lesquels feront le serment en la Cour des Monnoyes : feront les visitations accoustumées, & rapports en ladite Cour. Reglement de la Cour des Monnoyes. 1557.

Aucũ ne pourra estre receu Maistre, s'il n'a seruy vn Maistre l'espace de six ans entiers, fait chef-d'œuure, & iceluy preséte à la Cour des Mõnoyes. Idem.

Chacun Maistre n'aura qu'vn apprentif estráger à la fois, le fera obliger pour six ans, & à l'instant fera enregistrer le breuet d'apprẽtissage au Greffe de ladite Cour : & si l'apprentif s'absente auãt son temps finy, le Maistre en pourra prendre vn autre en sa place : & le Maistre venant à deceder & la veufue ne voulant continuer le mestier, l'apprẽtif pourra paracheuer son temps chez vn autre Maistre. Et l'apprentif ayant seruy quatre ans, le Maistre en pourra prendre encores vn autre. Idem.

Les fils de Maistre ayans fait leurs apprentissages chez leurs peres l'espace de cinq ans seront preferez aux autres apprentifs en faisant chef-d'œuure : lequel terme de cinq ans, ne commencera que du iour que les peres l'auront declaré au Greffe de la Cour. Idem.

Idem.

Ne trauaillerōt que depuis cinq heures du matin iusques à huict heures du soir, & ne ouureront que de fin or au remede d'vn quart de carat & de fin argēt au remede de quatre grains: feront leurs fueilles de la grandeur de l'eschantillon estant au Greffe de ladite Cour, & ne pourrōt employer en leursdits mestiers or & argent, sinon iusques à certaine quātité qu'il leur sera permise par icelle, & ne pourront bailler à trauailler aux estrangers qu'au refus des compagnons du mestier.

Cour des Monnoyes 1666.

Les compagnons du mestier non mariez ne se pourront louër pour moins d'vne année, & les Maistres ne pourront prendre à leur seruice les compagnons qui seront loüez auparauant à d'autres Maistres, & les Maistres qui auront deux compagnons à leur seruice seront tenus ayder de l'vn d'iceux aux Maistres qui n'en auront point, en cas de necessité.

Des Tireurs & Escacheurs d'or & d'argent.

Tiltre XXX.

Reiglement de la Cour des Monnoyes. 1557.

LEs Maistres Tireurs & Escacheurs d'or & d'argent de la ville de Paris le lendemain S. Eloy en Iuin en la presence du Procureur du Roy en la chābre des Monnoyes: esliront deux Maistres Iurez du mestier, qui seront par l'espace de deux ans entiers: & par chacun an, en sera esleu vn nouueau au lieu de celuy qui y aura esté deux ans: & feront le serment au Bureau de la Cour des Monnoyes.

Idem.

Feront les visitations tant sur les Maistres, que forains, amenant à Paris or ou argent traict fillé ou non fillé, ouuré & mis en œuure, & en feront leur rapport en ladite Cour.

Les Maistres dudit mestier pourront trauailler & vendre tout or & argent traict, fillé & non fillé tant fin que faux, pourueu que le fin soit fillé sur soye, & le faux sur fil, vendront au poids de marc de huict onces & non au poids de Lyon. Idem.

Tous Marchāds amenans en la ville or ou argēt traict fillé ou non fillé, seront tenus le faire visiter par les Iurez: lesquels Marchands ne le pourront exposer en vente auparauant ladite visitation: & serōt tenus les Iurez marquer la bonne Marchandise de la marque du fin, & la fausse de la marque du faux, lesquelles marques seront differentes: & l'vne sera appellée la marque du fin pour marquer la marchandise fine, & l'autre la marque du faux, pour marquer la marchandise fausse. Idem.

Les Maistres du mestier auront chacun leurs marques separées pour marquer leurs ouurages, qu'ils feront contre-marquer par les Iurez des marques communes dudit mestier, qui seront enregistrées au Greffe de la Cour auec les communes du mestier, & empraintes en vne table de cuiure estant audit Greffe: & aucun ne pourra vendre or ou argent traict fillé ou non fillé s'il n'est du tout fin ou faux & tel dessouz comme dessus, à peine de confiscation & d'amende. Idem

Tout or & argent traict fillé ou non fillé tāt fait par les Maistres qui apporté de dehors par les Marchāds, reuiendra, à sçauoir l'or à vingt-quatre carats à vn quart de carat de remede, & l'argēt à douze deniers à quatre grains de remede, & en sera fait essay sōmaire par lesdits Iurez en faisant leurs visitations, & ne les marqueront de la marque du fin s'ils ne reuiennent à ce tiltre, & celuy Idem.

qui n'y reuiendra & aura esté exposé en vente pour fin en feront leur rapport à la Cour.

Idem.

Ne pourront estre receuz Maistres s'ils n'ont seruy & fait apprétissage sous vn Maistre l'espace de six ans,& les fils de maistre cinq ans:& chacun Maistre ne pourra auoir qu'vn apprentif à la fois, sinon deux ans auant la fin du temps du premier apprétif il en pourra prédre vn autre: les apprentifs feront enregistrer au Greffe de la Cour des Monnoyes & par les Iurez du mestier,leurs breuets d'apprentissage. Et le temps d'apprentissage des fils de Maistre, ne commencera que du iour que les peres l'auront declaré au Greffe de ladite Cour, & aucun ne sera receu à estre apprentif qu'il n'ait atteint l'agé de douze ans.

Idem.

Aucun apprentif ne sera receu à besongner dudit mestier & à faire chef d'œuure pour estre receu Maistre, s'il n'a esté apprentif à Paris ou autre ville iurée ledit temps de six ans:& celuy qui l'aura faict hors Paris en vne autre ville iurée & voudra estre receu Maistre à Paris, sera tenu seruir chez vn Maistre de la ville par l'espace d'vn an, pour cognoistre sa preud'hommie.

Idem.

Les compagnons du mestier pourront estre receus Maistres s'ils en sont capables,ayans parfait, chez vn Maistre du mestier leur temps d'apprentissage:feront chef d'œuure , pour lequel seront tenus tirer & affiner au delié bien & deuëment demy marc d'or & demy marc d'argent fin,& autant de faux : seront presentez, examinez,receus, & feront le serment en la Cour des Monnoyes,& bailleront caution de dix marcs d'argent.

Idem.

Les veufues des Maistres, durant leur viduité iouyront

iouyront des priuileges comme les autres Maistres dudit mestier: & si elles se remarient aux cõpagnons dudit mestier qui auront esté apprentifs l'espace de six ans, les affranchiront de faire chef d'œuure & payer aucune chose sinon en la forme des enfans de Maistre.

Les nouueaux receuz payeront aux Iurez pour leurs salaires & vacatiõs d'auoir assisté à voir faire leur chef-d'œuure quarante sols parisis, sans faire aucuns bãquets, & les enfans de Maistre ne payeront aucune chose, mais seront tenus faire chef-d'œuure à la discretion des Iurez : seront experimentez, examinez, & receuz à ladite Cour, & bailleront caution comme dessus. Idem.

Les Maistres ne soustrairont les seruiteurs les vns des autres, & ne baillerõt à besongner à celuy qui aura delaissé son Maistre sans en aduertir le Maistre. Bailleront à besongner aux compagnons qui auront fait leur apprẽtissage à Paris, premier qu'aux estrangers, pour le prix desdits estrangers: & ne sera faite distinction des mestiers de Tireurs d'or & d'argent, & Batteurs, & Escacheurs d'or & d'argent : ne pourront vendre aucun or ou argent traict faux, massif & rond, pour employer en ouurage d'orfeuerie, ny tenir en leurs maisons aucuns fourneaux propres à faire essais ou affiner. Idem.

Des Mines d'or & d'argent.

Tiltre XXXI.

AV Roy seul, & non à autre seigneur, appartient le dixiesme du reuenu des Mines : les Seigneurs haults Iusticiers des terres où lesdites Mines seront assises, bailleront aux Maistre & ouuriers d'icelles en payant raisonnablement, che- Charles 6. 1414.

mins, voyes, entrées, yssuës, par leurs terres, bois, riuieres & autres choses necessaires. Les mineurs pourrõt chercher & foüiller Mines en tous lieux en payant au Roy le droict de dixiesme, & contentant les proprietaires desdits lieux. Lesdits ouuriers, residens esdites Mines & lieu du Martinet trauaillãs actuellemẽt, auront vn Iuge particuiler, duquel les appellations ressortiront en la Chãbre des Mõnoyes à Paris, & seront exempts d'Aydes, Tailles, Gabelles, & impositiõs quelcõques de ce qui sera du creu de leurs terres & possessions.

Des transports d'or, argent & billon.

Tiltre XXXII.

François 1. 1540 AVons inhibé & defendu à toutes personnes de quelque qualité ou condition qu'ils soiẽt, de tirer ou transporter, ou faire tirer ou trãsporter hors nostredit Royaume, or ou argẽt, monnoyé ou non monnoyé, billon ny autres choses contenuës en nos Ordonnances, en quelque maniere que ce soit, sans expresses Lettres patentes & congé de nous, sur la peine de confiscation.

Charles 9. 1571. art. 2. En ensuiuant les anciennes Ordõnances de nos predecesseurs Roys, auons interdict & defendu estroictement à tous Marchãds & autres personnes quelcõques, de porter hors nos Royaumes & pays de nostre obeïssance, or ou argẽt mõnoyé ou non mõnoyé, ouurages d'orfeuerie, soit en grosserie ou menuserie, ny mesmes les mõnoyes defenduës, ou matieres quelcõques d'or, argẽt ou billõ: sur peine de cẽt liures d'amende, outre la confiscation desdites Mõnoyes, ouurages & matieres, ensemble de toutes les marchãdises parmy lesquelles se trouuera embalé, ou empacquetté, ledit or ou argent, & des cheuaux, mulets, harnois, & chatriots qui les conduiront pour la premiere fois : & pour la secõde, de cõfiscation de corps & de biens.

Des Doreurs & Fondeurs.

Tiltre XXXIII.

DEfendõs à toutes persõnes de quelque estat, qualité ou cõdition qu'ils soient, de ne faire, auoir ou tenir en leurs maisons n'ailleurs, aucuns fourneaux n'instrumens propres à fondre ou affiner metaux, & de n'ẽ faire, ou faire fondre ny affiner aucun, sinon és lieux publics à ce destinez, & par gẽs de mestier ayãs à nous le sermẽt cõme dit est, sur peine de confiscation de corps & de biens. Henry 2. 1554.** art.20.

Defendant tresexpressẽmẽt à toutes personnes, de dorer & argenter sur bois, plastre, cuir, plomb, cuiure, fer & acier, si ce n'est pour les Princes: n'étendans en ce comprẽdre les dorures & enrichissemens qui de tout temps ont accoustumé d'estre faits pour le seruice de Dieu dans les Eglises, & pour les ornemens d'icelles, ensemble la tranche des liures, qui se pourra dorer, & sur la couuerture d'iceux apposer vn fillet d'or seulement, auec vne marque de la grandeur d'vn franc d'argẽt au plus. Henry 3. 1577. art. 34.

Des Balanciers. Tiltre XXXIV.

AFin que toutes personnes qui ont besoin de poids & balances en leurs negociations & affaires, deliurãces & receptions de deniers, soiẽt certains les poids dont ils vserõt estre iustes: auõs inhibé & defendu, inhibõs & defendõs à tous ouuriers & marchãds desdits poids, qu'à commẽcer au quintal pris pour cent liures, valant deux cens marcs, & en descendant & diminuant iusques à vn grain de poids, selõ la supputation accoustumee en poids de marc, & du poids de toutes especes de François 1. 1540. art. 46.

mõnoyes d'or & d'argẽt ausquelles dõnons cours en nostredit Royaume, pays, & seigneuries de nostre obeyssance, ils n'en vendent, facent vendre, ne tiennẽt en leurs maisons, qui ne soient adioustez, estalonnez, & marquez en vne de nos Monnoyes establies en nostredit Royaume, pays, & seigneuries de nostre obeissance, par les gardes d'icelles, où l'vn d'eux, du poinçon dont ils deuront vser, arresté & imprimé par figure, au Registre de la chãbre de nos Monnoyes à Paris, ensẽble la marque de l'ouurier qui aura fait lesdits poids. Et que toutes sortes de poids de marc, à peser & trebucher or, argent & billon en toutes les Monnoyes de nostre Royaume, pays & seigneuries de nostre obeïssance, soient reduits, reglez, estalonnez, adjoustez & cõformez, au poids de marc, dõt l'on vsera & jugera en ladite Chambre, sans que pour faire lesdits estallonnemens, lesdits Gardes ny autres, en puissent prendre ny exiger aucun salaire.

Charles 9. R. 1567.

Les ouuriers & marchands de poids de la ville de Lymoges, ne vẽdront aucuns trebuchets, poids de marc, ou d'especes, qu'ils n'ayent esté estalõnez & marquez en la Monnoye dudit Lymoges par l'vn des Gardes : Lesquels Gardes pour chacune pille d'vn ou plusieurs marcs auec toutes ses parties & diminutions, & aussi pour chacune garniture de trebuchet, qu'ils auront estalõnez & marquez, auront trois deniers tournois de l'ouurier.

Francois 1. 1554. art. 2.

La liure contient deux marcs.

Le marc huict onces.

L'once huict gros.

Le gros trois deniers.

Le denier vingt-quatre grains.

Autrement la liure se diuise.

La liure en deux marcs.
Le marc, en huict onces.
L'once, en vingt estelins.
L'estelin en deux mailles vallant vingt-huict grains, quatre cinquiesme de grain.
La maille en deux felins vallant quatorze grains deux cinquiesmes de grain.
Le felin vaut 7. grains, & vn cinquiéme de grain.

Ceste subdiuision a esté inuentée pour faciliter le compte des Orféures, és ventes & achapts des ouurages d'or par vne correspõdance de l'once de poids en vingt estelins auec la liure de vingt sols à icelle fin, qu'autant que l'once vaudroit de liures, l'estelin vaudroit de sols, & la maille & le felin à l'equipolent.

Du cours & exposition des Monnoyes. Tiltre 35.

IL est defendu à toutes personnes, de receuoir ou alloüer aucunes especes de monnoyes d'or, argent ou billon, que celles qui ont cours par la derniere Ordonnance, estant de leur iuste poids & pour le prix contenu en icelle. Ordonnãce generale.

Enjoignons à toutes personnes de poiser au trebuchet toutes les pieces d'or ou d'argét qu'ils auront ou receuront cy-apres. Et s'il s'en trouue aucunes legeres au dessous de leur iuste poids designé, qu'ils les rebuttent & ne les reçoiuent. Charles 9. 1561. art. 4.

Defendons de mettre, alloüer ny receuoir, aucunes especes d'or ny d'argét visiblemét rõgnées ou lauées par eauë forte, lesquelles especes rongnées ou lauées nous auons totalemét descriées, & serõt mises au feu pour billon, & portées aux Chãgeurs. Idem, art. 5.

Defendõs tres-expressément à tous marchands & autres personnes vendãs marchãdises & autres choses quelcõques, qu'ils ne s'enquierét en quel- François 1. 1540. art. 58.

les especes d'or ou monnoye on les deura payer.

Henry 3. 1577. art. 22. Defendons tresexpressément à tous Marchands trafiquans sous les priuileges des foires de Lyon qu'autres lieux, & à toutes persõnes quelcõques, de quelque qualité qu'ils soient, de faire d'oresnauant distinction de payement de marchandise à payement de change ny autrement, & de prendre aucun interest pour payer sous nom d'âge ou autrement, ou plustost en or qu'en monnoye, sur peine de confiscation de corps & de biens.

Idem art. 1. Toutes debtes se payeront & acquitteront en especes ayãs cours, & pour le prix porté par l'ordonnance, sans qu'on puisse estre contraint precisément payer en especes, encores qu'il fut ainsi stipulé & porté par les contracts, & de payer d'or en or: & tous contracts, marchez & cõuentions portans sommes de deniers au dessus de soixãte sols, seront conceuz à escus & non à liures, & toutes autres sõmes de deniers reduites au compte d'escus, à raison de soixante sols l'escu, payables en toutes especes ayans cours par l'Ordonnance.

Idem art. 20 Nul ne sera contraint receuoir en vn payemẽt, liards, doubles, & petits deniers, pour plus de cent sols tournois: Et en pieces de six blãcs, trois blãcs, douzains & dizains, sinon le tiers de la somme totale qui sera deuë, combien que par l'Edict dernier il n'y eut que le quint.

Des Denonciateurs. Tiltre XXXVI.

Charles 9. 15561. LEs denonciateurs des transgresseurs des contreuenãs aux Edicts & Ordonnãces des Monnoyes, auront le tiers des amendes & cõfiscations prouenans à cause & par le moyen de leur denonciation distrais prealablement les frais de Iustice.

FIN.

TABLE DES TILTRES CONTENVS AV present Liure.

A

B

C

D

E

F

M

FIN DE LA TABLE.

www.ingramcontent.com/pod-product-compliance
Ingram Content Group UK Ltd.
Pitfield, Milton Keynes, MK11 3LW, UK
UKHW020334180726
13839UKWH00002B/711

9 782329 457192